con amor

Tish

pxy

Vivir para volar

ISHA

Vivir para volar

DIANA

Fotografía de portada: Cortesía Fundación Isha
Diseño de interiores: Grafia Editores, S.A de C.V.

Título original: *Love Has Wings*

© 2011, Isha
Traducido por: ISHA

Derechos reservados

© 2019, Editorial Planeta Mexicana, S.A. de C.V.
Bajo el sello editorial DIANA M.R.
Avenida Presidente Masarik núm. 111, Piso 2
Colonia Polanco V Sección
Delegación Miguel Hidalgo
C.P. 11560, Ciudad de México
www.planetadelibros.com.mx

Primera edición en formato epub: enero de 2019
ISBN: 978-607-07-5407-4

Primera edición impresa en México: enero de 2019
ISBN: 978-607-07-5397-8

No se permite la reproducción total o parcial de este libro ni su incorporación a un sistema informático, ni su transmisión en cualquier forma o por cualquier medio, sea éste electrónico, mecánico, por fotocopia, por grabación u otros métodos, sin el permiso previo y por escrito de los titulares del *copyright*.

La infracción de los derechos mencionados puede ser constitutiva de delito contra la propiedad intelectual (Arts. 229 y siguientes de la Ley Federal de Derechos de Autor y Arts. 424 y siguientes del Código Penal).

Si necesita fotocopiar o escanear algún fragmento de esta obra diríjase al CeMPro (Centro Mexicano de Protección y Fomento de los Derechos de Autor, http://www.cempro.org.mx).

Impreso en los talleres de EDAMSA Impresiones, S.A. de C.V.
Av. Hidalgo núm. 111, Col. San Nicolás Tolentino, Ciudad de México
Impreso en México - *Printed in Mexico*

Índice

Introducción 9

Primera parte
Destruir nuestras ilusiones 21

CAPÍTULO UNO
Ilusión 1: Soy una víctima 23

CAPÍTULO DOS
Ilusión 2: La comodidad manda 35

CAPÍTULO TRES
Ilusión 3: No hay suficiente 43

CAPÍTULO CUATRO
Ilusión 4: La pasividad me protege
de cometer errores 51

CAPÍTULO CINCO
Ilusión 5: La discriminación es aceptable.
Hay personas y cosas mejores que otras 59

CAPÍTULO SEIS
Ilusión 6: Soy independiente,
separado del resto 65

CAPÍTULO SIETE
Ilusión 7: Soy un pecador
y debo expiar mis pecados 73

CAPÍTULO OCHO
Ilusión 8: Puedo y debo controlar mi mundo 87

CAPÍTULO NUEVE
Ilusión 9: Está bien ignorar
los sentimientos desagradables 97

Segunda parte
Impregna tus roles y responsabilidades
con amor-conciencia. 109

CAPÍTULO UNO
   Elevar nuestros conceptos de género 115
CAPÍTULO DOS
   Padres conscientes 125
CAPÍTULO TRES
   Relaciones íntimas: encontrar la pareja ideal
   dentro de ti. 137
CAPÍTULO CUATRO
   Redefinir y lograr el éxito en el trabajo 151

Tercera parte
Remedios para las jaquecas de la vida moderna 161

CAPÍTULO UNO
   Vacaciones conscientes y vacaciones del ser:
   antídotos para la rutina diaria 165
CAPÍTULO DOS
   Apreciándote a ti mismo y tu entorno 171
CAPÍTULO TRES
   La paz, el antídoto para un mundo incierto 177

Apéndice I: el Sistema Isha 191
Apéndice II: «La I» Uruguay y «La I» México:
spas para la conciencia 195
Agradecimientos 197
Acerca de la autora 199

Introducción

Sentar las bases para el amor-conciencia

Debido a la inseguridad económica y al cambio global, las estructuras se están derrumbando, dejándonos con una sensación de vulnerabilidad e incertidumbre. Nos sentimos pequeños e indefensos frente a situaciones que están fuera de nuestro control: la conciencia de víctima se manifiesta. Sin embargo, ¿y si pudiéramos hacer una diferencia, con solo cambiar nuestro punto de vista? ¿Y si tuviéramos una percepción de la vida más liviana, más lúdica?

Yo creo que el estado actual de conflictos y disturbios representa para la humanidad una oportunidad para alcanzar un nuevo nivel de conciencia, que llamo amor-conciencia, y este libro te dará las herramientas para lograr dicho estado de paz y serenidad permanentes en tu vida.

Estoy aquí para compartir contigo cómo me di cuenta de que las cosas en realidad no están tan mal como pensamos, que son increíblemente más maravillosas y fantásticas de lo que podríamos haber soñado. Es hora de dejar de preocuparse y empezar a crear un mundo en el que valga la pena vivir y que iniciará contigo. Sí, ¡contigo! No vayas a creer que la situación actual en el mundo es un problema ajeno a ti: es tu responsabilidad y solo tuya. Porque, aunque no lo creas, tú eres quien lo está creando.

En todo momento tienes una opción. Puedes elegir el miedo o puedes optar por el amor. Puedes entregarte a lo que es o resistirte. Este libro nos llevará a encontrar el poder de elegir el amor y una dichosa entrega.

Un cambio de imagen en tu mente

La cultura moderna está obsesionada con los cambios de imagen. Nos incita a cambiar nuestros hogares, nuestros guardarropas, nuestras caras y hasta nuestras caderas con tanta frecuencia como cambiamos de ropa. Si tenemos en cuenta esto, nos sorprenderemos al ver cuánto nos resistimos al cambio interno. ¡Es hora de permitir un cambio de imagen en tu mente! Dentro de nuestras mentes tenemos un revoltijo de trastos viejos y gastados, de ideas y opiniones inconscientes que pasaron de moda ¡hace ya más de medio siglo! Es como si nuestra mente se quedara estancada en la comodidad decadente de un sofá viejo y presuntuoso. Está raído, cubierto de manchas y polvo, con una pulga saltando de vez en cuando, migajas de pan viejo entre los cojines, goma de mascar entre sus grietas, un desastre que, sin embargo, nos es familiar. A pesar de que se esté cayendo a pedazos y necesite con desesperación ser reemplazado, estamos acostumbrados a él. Nos hemos sentado en él durante tanto tiempo que ya ni nos damos cuenta de su olor desagradable.

¿No crees que es hora de redecorar? ¿Y si tiramos el viejo sofá a la basura y empezamos de nuevo? Puede que lo familiar lo sintamos cómodo, pero si nos quedamos estancados en lo conocido, nunca experimentaremos nuestro potencial completo. La inercia nunca te da alegría: en última instancia te lleva a la insatisfacción. ¿Qué pasaría si la vida se volviera de nuevo ligera, alegre, inocente, una celebración de la felicidad presente en cada momento? ¿Qué pasaría si la vida pudiera pasar del drama y la tragedia al entusiasmo y la aventura, de una angustiante película de cine negro a una comedia romántica y ligera en el que al final descubres que tu único y verdadero amor, todo el tiempo, fuiste tú?

Quien seas en el futuro se definirá por quien estés siendo ahora. Tu evolución la determinan tus respuestas ante lo que sucede cada día y la evolución es la dicha. Pregúntate: ¿Me estoy amando? ¿Me estoy volviendo la persona que mi corazón anhela ser? ¿Estoy siendo más amor? Mientras esperas algo, ya sea un milagro o un desastre, rechazas la oportunidad de elegir algo nuevo y así, de forma activa, generar transformación en ti y en el mundo.

Mientras inicias este viaje tan emocionante y estimulante conmigo, querido lector, esta gran búsqueda en las profundidades de tu ser, te pediré algo: en lugar de esperar a ver resultados en el futuro, define quién vas a ser en este momento. Esta es la diferencia entre ser víctima y ser creador. Un creador determina quién será, mientras la víctima espera a ver lo que sucede. Cada momento que pierdes en pensar en tu futuro es energía que podrías utilizar para transformar tu realidad actual.

Descubrir la verdadera plenitud en el vacío

Un maestro zen japonés recibe la visita de un profesor universitario. Va a preguntarle sobre el zen, pero antes de contestarle, el maestro le invita un té. La ceremonia japonesa del té es larga y compleja. A medida que el maestro recorre los pasos de la ceremonia tranquilamente, el profesor se va impacientando cada vez más. Cuando el té está listo, el maestro comienza a llenar la taza del visitante. Cuando la taza está llena, él continúa sirviendo. El té comienza a desbordarse y el profesor, sin poder contenerse por más tiempo, grita: «¡Ya está llena, no cabe más!».

—Así como esta taza —dice el maestro—, tú estás lleno de tus propias opiniones e ideas. ¿Cómo puedo enseñarte, si aún no has vaciado tu taza?

En el mundo moderno nos enseñan que acumulando cosas —ideas, bienes, conocimientos, experiencia— encontraremos la plenitud, pero en realidad una vida vibrante y verdadera proviene de estar vacío.

Al llenar nuestros sentidos con un aluvión interminable de estímulos y distracciones enterramos el tesoro más grandioso de nuestra existencia: *nuestro propio ser*. En el fondo, debajo de todas las ideas, las preferencias, las opiniones, los temores y los recuerdos, está tu ser, verdadero y eterno: aquello que yo llamo *amor-conciencia*. Siempre ha estado ahí y siempre lo estará. El *amor-conciencia* es quienes somos en el nivel más profundo, al que, sin embargo, hemos perdido de vista, escondido detrás de las «cosas» que más valoramos. Solo vaciándonos podremos descubrir nuestro tesoro más preciado. El vacío está lleno de lo que queremos y necesitamos profundamente.

Nos aferramos a las estructuras que nos son familiares porque pensamos que definen quiénes somos, y, aunque nos causen sufrimiento, la alternativa parece mucho menos deseable: nuestro miedo al cambio es, en última instancia, el miedo a perder nuestra identidad. Sin nuestro sistema de creencias, preferencias políticas, opiniones, e incluso nuestras personalidades, ¿qué sería de nosotros?

Estas ideas acerca del mundo y de nuestro lugar en él nos dan una cierta sensación de control: sabemos dónde estamos parados y sabemos qué lugar ocupamos con relación a todo y a todos. Pero, ¿acaso esta ilusión de control nos da felicidad? Para la gran mayoría de nosotros, la respuesta sería ¡no!

Y, por lo tanto, si queremos encontrar una nueva visión de vida tenemos que estar dispuestos a dejar ir nuestras viejas ideas y opiniones. En vez de aferrarnos a ellas de manera rígida, estancados y resistentes al cambio, debemos estar abiertos a recibir y dispuestos a evolucionar. La evolución es la naturaleza del *amor-conciencia*. Pero, ¿qué es lo que impulsa la evolución? El cambio. Sin cambio no hay crecimiento, no hay vida. La resistencia al cambio es la muerte. La vida debe adaptarse para sobrevivir: si queremos seguir adelante debemos estar dispuestos a transformarnos y a dejar lo viejo atrás.

A lo largo de la historia la grandeza ha sacudido las viejas opiniones. Jesús rompió con la tradición, al igual que Buda. A medida que evolucionamos, las opiniones y los juicios que una vez aceptamos sin siquiera cuestionarlos se vuelven anticuados e irrelevantes. Es hora de vaciarnos de aquello a lo que nos aferramos, de renunciar a las ideas y opiniones que han llenado nuestra mente.

> La conciencia evoluciona. Sin cambio no hay evolución.

¡Qué liberador es estar vacío! No tener opiniones, ni ideas, ni límites, ni resistencia. Decir sí al Universo, decir sí a toda la creación desde un lugar dichoso es posible al abrazar la vida sin interferir, al entregarse a lo que es, al enamorarse de la propia realidad actual. Esta es una verdadera historia de amor, el amor de un individuo por la vida misma, por sí mismo, por la dicha de ser.

Por lo tanto, en este libro, más que aprender algo nuevo, vamos a desaprender. En la primera parte voy a exponer algunas de las ilusiones más aceptadas, las mentiras más limitantes que se basan en el miedo, el cual aceptamos como nuestra realidad común. Asimismo, en el resto del libro se abordarán algunos de los problemas de la vida real que estas ilusiones crean en nuestras vidas. En la segunda parte analizo cómo estas ilusiones surgen en nuestras relaciones personales y en los diversos roles que cada uno juega. En lugar de perpetuar los estereotipos que nos han transmitido y que dictan nuestro desempeño como madre, padre, hombre, mujer, amante, esposo, trabajador o jefe, podemos actuar en estas funciones desde el *amor-conciencia* y realizarlas de una manera más eficaz, dichosa y compasiva. En la tercera parte ofrezco sugerencias concretas para incorporar el *amor-conciencia* a nuestras vidas frente al ritmo rápido y volátil del siglo que estamos viviendo.

Faros para iluminar el camino

Antes de comenzar podemos prepararnos cultivando ciertos modos de pensar y liberando otros que nos limitan. Las siguientes directrices sentarán las bases para vivir una vida en el *amor-conciencia*. Cada vez que te encuentres confundido o lleno de dudas puedes volver a estas pautas para profundizar tu capacidad receptiva. Además, muchas de dichas indicaciones se van a plantear más de una vez en este libro, lo cual es bueno, ya que «de la repetición nace la integración».

Enfócate en la alegría

Lo primero que tenemos que hacer es comenzar a enfocarnos en la alegría: la belleza, la inocencia, la alabanza, el amor y la gratitud presentes en cada momento. ¿No es hora ya de que tengamos un poco más de eso?

¿Cómo se expresa la alegría? Esto es lo más maravilloso de la alegría: no tiene un formato fijo. Su forma es una vibración de vacío. La alegría es como un manantial de montaña: sus burbujas efervescentes surgen eternamente de sus profundidades. Su constante espontaneidad nutre y refresca, fluye y rellena.

La dicha no busca lo que está mal. No critica lo externo buscando un culpable para formular veredictos y predicamentos. Si lo hiciera, sus aguas pronto se estancarían, empantanándose y quedándose sin vida. La dicha está abierta al amor y a ser ese amor. No tiene una idea preconcebida sobre cómo debe ser el amor y a quién se debe dar.

En lugar de esperar la plenitud externa —el placer, la siguiente novedad para consumir, o el nuevo juego—, conviértete en esa dicha. Luego, dirígete al mundo para compartirlo con la humanidad.

Mantente presente

La dicha vive en el presente, así que deja de vagar en el pasado y el futuro, que han tenido ya bastante de su tiempo, ¿verdad? Es hora de darle al aquí y al ahora —al presente, donde la vida en realidad está sucediendo— un poco de la atención que merece.

Reclama la inocencia de la infancia

Los niños nos llevan ventaja a los adultos en el ámbito de la felicidad. Ellos se acercan a todo como si fuera la primera vez, completamente libres de lo que haya sucedido antes. Ellos ven la magia y la maravilla en todas partes. ¿Te imaginas qué alivio sería volver a ese estado?

Cuando yo era niña, solo era. No me estaba observando ni medía las reacciones de los que me rodeaban; no trataba de manipular, ni seducir o controlar de ninguna manera; ser ya era suficiente. No tenía ni idea de lo que significaba hacer el ridículo o portarme seria: si era feliz, me reía, si estaba triste, lloraba. No cuestionaba mis acciones. Solo era. Yo era el estado de ser, siendo. Acarreando el bagaje acumulado durante la edad adulta, con sus opiniones, temores y percepciones distorsionadas, hemos perdido la espontaneidad.

A medida que avanzas en tu vida diaria puedes limpiar el tablero de tu mente con frecuencia y ver las cosas como las vería un niño: sin expectativas ni recriminaciones. Trata de ver a cada persona de nuevo. Cuando alguien sin hogar te pida una moneda, dale una sonrisa en lugar de rechazarlo (tal vez tu sonrisa era lo único que en realidad quería). Cuando tu tediosa suegra llame por teléfono, no le respondas anticipando sus quejas y reprimendas. Cuando tu jefe te pida que vayas a su oficina, no esperes automáticamente que te vaya a regañar (¡tal vez te quiere aumentar el sueldo!). Siempre estamos en guardia, a la espera de que algo salga mal. En su lugar, adopta la inocencia vacía y espontánea de un niño: ábrete a recibir con alegría.

Aligérate y juega

Uno de los rasgos más tristes de la sociedad moderna es que tomamos las cosas demasiado en serio. Nos sentimos impulsados a cumplir con lo que «deberíamos» ser, lo que creemos que el mundo espera de nosotros. Pensamos: «No seas ridículo. No hables sin que te pregunten.

No seas inmaduro. No digas lo que realmente tienes en mente. ¿Qué pensarán?». El autocontrol y la autocrítica se han convertido en parte de nuestra vida y agotan nuestra capacidad de juego y de libre expresión.

Tenemos que aprender de nuevo a fluir desde el corazón; hay que permitirnos vernos ridículos, bailar con libertad, detenernos y recordarnos que la vida se trata de risa y alegría desenfadada. Haz la prueba. Tal vez te guste.

Suelta la necesidad de «tener razón»

Cuando nos apegamos a nuestro punto de vista este puede llegar a ser más importante que cualquier otra cosa. Como consecuencia, sentimos una urgente necesidad de tener la razón, lo que a menudo exige demostrar que el otro está equivocado y, como consecuencia, generar un conflicto. Siempre que sentimos la necesidad de probar un punto, perdemos de vista la dicha de ese momento.

Es fácil saber cuándo una idea u opinión está basada en el miedo: viene acompañada de la necesidad de defenderla para protegerla de aquellos que no están de acuerdo. Esta es la raíz del fanatismo.

Al dejar de lado tu necesidad de tener razón aprendes a fluir con el mundo. Para hacer esto no tienes que decidir que te has equivocado. Simplemente tienes que abrirte a la *posibilidad* de que tu punto de vista no sea la verdad absoluta, de que en el gran esquema de las cosas ni siquiera importe, de que en realidad esta opinión tuya tan preciada es solo otro pensamiento, es solo otra construcción de la mente. Ceder a esa flexibilidad te llevará a un lugar de mayor receptividad.

Obsérvate. ¿Cuándo tus opiniones se tornaron más importantes que la paz, que la armonía? Pregúntate a ti mismo: «¿Estoy peleando por mis ideas, o estoy abierto a una nueva perspectiva, a evolucionar más allá de mi comprensión actual?». No estoy sugiriendo que abandonemos nuestros ideales, pero no perdamos de vista lo verdaderamente importante: siempre relacionarnos desde un lugar de amor.

Escucha la voz de tu corazón

El intelecto humano tiene muchos beneficios. Ha dado a luz miles de descubrimientos e invenciones para seguir transformando el mundo en el que vivimos. A pesar de su maravillosa complejidad, está restringido por las limitaciones de la dualidad. Positivo y negativo, depredador y presa, sequía e inundaciones; estos opuestos forman los principios por los que la inteligencia se rige. Si queremos experimentar el vacío, tenemos que ir más allá del ámbito de la inteligencia. Tenemos que salir de lo conocido y entrar en el espacio vacío.

Las paredes que la mente ha creado nos limitan. Nos hemos acostumbrado tanto a ellas que nos hacen sentir seguros, pero estos muros también nos mantienen aprisionados en la insatisfacción. Nuestra curiosidad natural estará siempre jalonando con insistencia desde el inconsciente, animándonos a ir más allá de lo familiar y buscar algo más. Cedamos a ese tirón, a ese deseo innato por explorar y descubrir, y lancémonos a la aventura dentro de una nueva experiencia de ser, más allá de todo lo que hemos conocido hasta ahora.

Llega sin previo aviso y, cuando aparezca, de repente te encontrarás hablando sin siquiera entender por qué. Sin embargo, escucharás la verdad en tus palabras. Tú lo sentirás. Escucha. Está allí, descansa en tu interior. La oirás. Habla desde la omnisciencia con la energía del amor incondicional.

No analices

Cuando estás viendo una película, acaso te preguntas cómo llegó la imagen a la pantalla de tu televisión, de qué satélite está rebotando, cómo se combinaron los millones de pixeles individuales para crear todos los colores. No, ¡eso haría que la película fuera realmente aburrida! Entonces, ¿por qué no podemos mirar la vida de la misma manera, de forma inocente, abrazando la maravilla y el misterio, el próximo capítulo inesperado a la vuelta de la esquina? ¿Por qué estamos siempre analizando y desmenuzando todo? El análisis nos deja empantanados en la densidad y complejidad, mientras que el *amor-conciencia* es todo lo contrario: simple, liviano y alegre. Nos abre al cambio, en tanto que el análisis crea una mayor rigidez e inercia.

Intenta atestiguar tu vida en lugar de obsesionarte con los *porqués*. ¡Si pones demasiado empeño en entender, terminarás más confundido! En vez de eso, intenta ser más ligero, más inocente. Así comenzarás a entender las cosas desde un espacio más profundo, más allá de las dudas y las incertidumbres que inevitablemente acompañan el razonamiento del intelecto.

Haz una práctica espiritual

A lo largo del tiempo la gente ha utilizado las prácticas espirituales para ayudarse a trascender el sufrimiento y descubrir la paz interior. Lo importante es que vayas hacia adentro. Por lo que el uso de una práctica espiritual permitirá que sea mucho más fácil conseguirlo. Dedicar tiempo a la práctica diariamente dará lugar a un mayor autoconocimiento y autoconfianza.

La práctica espiritual puede tener un número infinito de formas, desde la oración, la meditación, los cánticos, las *asanas* de yoga, el *vipassana*, el tai chi, hasta llevar un diario escrito. Yo recomiendo el Sistema Isha, porque es lo que yo usé en mi propio viaje interior. Las facetas del Sistema son una excelente herramienta para ir más allá de la superficie de la mente. El Sistema y sus facetas se presentan en su totalidad en mi libro *¿Por qué caminar, si puedes volar?* (Editorial Aguilar Fontanar, 2009). Si deseas una breve introducción de las facetas ve al Apéndice I que se encuentra al final del libro. Si practicas las facetas mientras lees este volumen absorberás su contenido de una manera más eficiente.

Disfruta el camino

Imagina que estás en las faldas del Aconcagua, la montaña más alta de la Cordillera de los Andes. El Aconcagua, cuyo significado en quechua es «centinela de piedra», se erige como un bello ejemplo de la conquista de los temores de la mente. Para llegar hasta la cima de la montaña debes elevarte por sobre tus miedos y centrarte en la apreciación y la alegría. Entonces podrás ver el mundo desde un punto de vista trascendente, celebrando la exuberante belleza que está frente a ti.

Sin embargo, para llegar a la cima tienes que hacer el camino dando un paso a la vez. Si estás obsesionado con llegar a la cumbre no verás las flores que yacen a tus pies. Puedes ir saltando sobre las margaritas y pasar a través de los rebaños de cabras que pastan en la montaña (como Julie Andrews en *La novicia rebelde*), o caminar a lo largo del sendero solemnemente hacia tu meta sin darte cuenta de la belleza que te rodea.

Mientras viajas por este libro, y, de hecho, por el resto de tu vida, enfócate en la alegría que está siempre a tu alrededor. Así sabrás que has llegado a tu meta.

Primera parte

Destruir nuestras ilusiones

Ahora que hemos adoptado la actitud correcta de apertura y receptividad, estamos listos para comenzar a destruir las ilusiones que nos impiden despertar.

La palabra destrucción suena cono algo negativo, pero la verdad es que la sabiduría proviene de la destrucción. El vacío viene de la destrucción de nuestro parloteo interno: de las ideas, las opiniones, los juicios y los conceptos que luchan por atraer nuestra atención. Este ruido de fondo, ese zumbido de estática es lo que nos mantiene distraídos, ciegos, ignorantes de nuestra verdadera naturaleza, de la gloria y la belleza del ser. Presentes en uno mismo es donde descubrimos el asombro. En el ser —sin nada más, solo el ser puro— es donde encontramos la satisfacción. En ese vacío se descubre lo elusivo, se comprueba que podemos lograr todo aquello por lo que hemos estado luchando, controlando y obteniendo, y por lo que nos quejamos al momento de realizarlo, de ser alguien, de superarnos. El ser ha estado ahí todo el tiempo, esperándonos para levantar las manos con desesperación y, finalmente, dejar de buscar la realización afuera de nosotros mismos.

Cuando encontramos ese estado interior, la alegría del *amor-conciencia* empieza a penetrar en cada momento en cada una de nuestras acciones. Nos convertimos en artistas, en creadores, y entregamos al mundo nuestra propia expresión. No tratamos de sacar ventaja ni nos centramos en cómo podemos beneficiarnos. Solo damos y añadimos nuestro propio sabor a la mezcla. Durante ese intercambio uno empieza a encontrar alegría y satisfacción.

En este momento destruimos las ilusiones que obnubilan la visión de nosotros mismos y del mundo; así aprenderemos a transformar el victimismo en creatividad y descubriremos las limitaciones de la comodidad para derribar la falsa noción de la carencia, vencer la pasividad, trascender la discriminación y ver más allá de separaciones aparentes, superando el juicio propio y entendiendo la naturaleza asfixiante del control. Es así como empezamos a liberarnos de nuestra propia represión.

Capítulo uno
Ilusión 1: Soy una víctima

Expresado en la creencia:
«Las cosas que me suceden me hacen sentir insatisfecho».

Realidad: soy un creador infinitamente poderoso

Las circunstancias que han dado forma a nuestras vidas son tan únicas e individuales como nuestra personalidad: no hay dos personas iguales. Sin embargo, nuestra capacidad para crecer como individuos, para evolucionar como personas más compasivas, amorosas y conscientes, no depende de lo que nos haya sucedido sino de nuestra actitud frente a tales situaciones. Frente a las dificultades, ¿nos achicamos o crecemos? ¿Resistimos o usamos la situación para crecer?

En última instancia hay solo dos actitudes que podemos adoptar en la vida: la de víctima o la de creador.

La víctima no puede ver la belleza, la abundancia ni la perfección inherente de cada momento porque tiene una idea acerca de cómo deberían ser las cosas; una idea que inevitablemente ha sido violada, una idea que está en desacuerdo con lo que es. Este sentimiento de inconformidad produce rabia —rabia ante la vida, ante Dios—, pero se manifiesta en la víctima como pasividad, pesadez depresiva, inercia y aparente falta de interés, mostrándose más como tristeza que como rabia. En última instancia, la inconformidad representa odio y violencia hacia uno mismo. Es el rechazo supremo a lo que es: violencia hacia la vida.

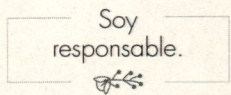
Soy responsable.

La única manera de romper con este patrón de victimismo es adoptar el rol de creador. Un creador alaba su creación, la víctima la critica. El creador vive en la apreciación, la víctima se queja sin asumir la responsabilidad. Ambos son totalmente opuestos. Por un lado, el creador abraza todo lo que se le presenta. Responde a todo con un sí, lo que le permite vivir una vida en abundancia. La víctima, por otro lado, está resentida y es negativa. No puede ver la perfección y belleza inherentes a la vida porque tiene una idea rígida sobre cómo tendrían que ser las cosas. Envuelta en un manto de pasividad hirviente, se transforma en la ira suprema: el rechazo a la existencia, la negación de lo que es.

Cada vez que miro mi vida con un no, o con una idea mejor sobre cómo deberían ser las cosas, estoy rechazando la vida. Como no puedo controlar el juego, no jugaré. No puedo entender, así que no aceptaré. Así de extrema llega a ser la obsesión de un intelecto miedoso; sus complicaciones drenan la alegría de la vida. La conciencia vive en la unidad del corazón. Cuando se vive desde el corazón no quedan más preguntas. Cuando tú eres lo absoluto, la necesidad desesperada de entender desaparece, absorbida por la alegría plena del ser puro. El corazón no quiere nada más cuando ha encontrado el amor.

¿Cómo puedes pasar de ser una víctima a un creador? Enfocándote en la conciencia, en la profundidad silenciosa que yace dentro de todos nosotros hasta convertirte en una mente sin pensamientos. ¿Por qué? No hay un por qué. Simplemente es. Cuando notas que estás resistiendo lo que es, pensando que algo podría ser mejor en ese momento o que algo es injusto, déjalo ir. Recuerda que cuando fluyes, cuando te entregas, eres Dios. Cuando estás luchando estás siendo un niño resentido que no quiere aceptar su responsabilidad. Nada podría ser mejor en este momento, nada es injusto, porque Dios es todo. Tú eres Dios en todo, Dios es alegría y todo es tu creación.

Libérate del victimismo

Por favor, entiende que no estoy sugiriendo que intelectualmente te convenzas de que no eres una víctima. Por el contrario: si te sientes víctima en cualquier área de tu vida permítete sentirlo. Abraza a tu víctima interna. Ama a tu víctima interna. No te liberarás de ella rechazándola ni juzgándola. Siente las emociones que la victimización te provocan: la tristeza, la ira, el resentimiento. Grita en una almohada. Llora. Pégale al colchón. Lo que te venga en forma natural. Abraza a tu víctima interna y pronto aprenderás a ver más allá de ella. A medida que las emociones acumuladas se liberen, la actitud de víctima perderá su carga y pronto desaparecerá.

Libera la culpa

En última instancia, la víctima ve la responsabilidad como algo incómodo, como una tarea: «Es mucho más fácil culpar a alguien más por mi propio descontento». En realidad, no es tan fácil: solo abandona la decisión de dejar de sufrir en tus manos. Hasta que no aceptes la responsabilidad de tu propia felicidad seguirás siendo un esclavo de tu entorno. Cuando por fin lo hagas, encontrarás la verdadera libertad.

Solemos pensar que la libertad significa poder hacer lo que queramos y poder ir a donde deseemos. Sin embargo, esta definición de la libertad pasa por alto el hecho de que *la persona que más nos controla y juzga es uno mismo*. La verdadera libertad no es algo que otro te pueda dar ni quitar: solo tú tienes ese poder.

La libertad es autoaceptación. Se trata de permitirte ser, dejando de lado la necesidad desesperada de aprobación que nos hace adoptar normas sociales muy incómodas con tal de encajar. La aprobación externa

> Recuerda: yo no quiero que intentes emular estas formas de comportamiento, si no es lo que sientes. No niegues tu propia percepción para encajar en una idea respecto a la «manera correcta de comportarse»; en cambio, expande tu conciencia y de forma natural adoptarás las acciones de un creador.

nunca será suficiente mientras sigamos necesitándola, debido a una simple verdad: no nos aprobamos a nosotros mismos. Por eso, tratamos que otros lo hagan por nosotros. Tratar de sustituir con la aprobación externa la falta de amor a uno mismo es como aumentar el volumen de la televisión para ahogar el llanto de un bebé, una distracción que no hace nada para resolver la situación.

Asumir la responsabilidad por las propias decisiones

En última instancia, ser responsable significa comprometerse con uno mismo y con lo que elegimos en cada momento. En realidad no tenemos idea de lo poderosos que somos. Tendemos a vernos como personas diminutas en un mundo enorme, haciendo todo lo posible para traspasar las mareas que se interponen entre nosotros y nuestros deseos. Sin embargo, hay una verdad que puede cambiar esta percepción, destruir el sentimiento de victimismo y traer la libertad verdadera:

En lo que te enfocas, crece

Nuestro enfoque es lo que crea nuestra realidad. Si nos centramos en lo que está mal en nuestras vidas y nuestro mundo, ¿qué vamos a ver? Lo que está mal. Sin embargo, si nos enfocamos en las cosas que amamos, las cosas que nos inspiran y nos llenan de alegría, comenzamos a ver la belleza que no veíamos antes. Tú puedes transformar tu experiencia

Ilusión 1: Soy una víctima

de vida en un instante solo dirigiendo tu atención hacia el interior. Con el simple hecho de llevar tu atención profundamente dentro de ti, en lugar de quedar atrapado en los dramas y las preocupaciones del mundo, puedes romper los patrones de descontento y preocupación de toda una vida.

Así que si es tan simple, ¿por qué no lo hacemos? Yo sé por qué: porque no queremos. No queremos ser felices, preferimos pelear por lo que creemos que debe ser arreglado. No queremos rendirnos, queremos ganar. No queremos abrazar nuestra realidad sino que queremos perseguir nuestras ideas sobre cómo deberían ser las cosas, en lugar de aceptarlas como son. ¿Por qué? Porque estamos convencidos de que sabemos más que la vida misma sobre cómo deberían ser las cosas.

Los niños no hacen esto. Abrazan lo que tienen sin lugar a dudas. Cuando yo vivía en la costa colombiana, los jóvenes jugaban futbol con cocos y con los pies descalzos. No se deprimían pensando: «¡Si yo tuviera unos zapatos *Nike* podría jugar mucho mejor! ¡Si tuviéramos una pelota de verdad en lugar de este coco!». No pensaban eso, se divertían mucho disfrutando de lo que tenían.

No niego la importancia de trabajar por un mundo mejor. Admiro cualquier actividad que ayude a unir a la humanidad y mejorar la calidad de vida en este planeta. Sin embargo, si nos centramos en lo que está mal —aunque sea con la intención de mejorarlo—, estamos perpetuando el descontento y la inconformidad. Vamos a centrarnos en lo que hemos logrado, en el mundo maravilloso e increíble en el que vivimos y los individuos apasionados e inspirados que están dando lo mejor a la humanidad todos los días. Vamos a centrarnos en lo que podemos dar; en las maneras en que podemos orientar nuestras vidas de forma más dichosa y plena. Vamos a centrarnos en estar presentes por completo, conociéndonos a nosotros mismos, aceptándonos y abrazándonos. Entonces, de manera natural, vamos a compartir ese amor con todos los que nos rodean.

> Tarea:
> Piensa: «¡Ay, me enganché de nuevo!». Y tráete de vuelta al presente.

¿En qué estás enfocándote en este momento? ¿En las frustraciones del pasado? ¿En las preocupaciones del futuro? ¿Por qué no pruebas, solo por hoy, enfocarte en disfrutar de cada momento? ¿En dar lo mejor que puedas de ti en cada situación que se presenta?

Convertirse en un creador: ¿tienes lo que se necesita para ello?

La sociedad produce víctimas. Los medios abogan por las víctimas y la lucha por los desvalidos, alimentan la idea de que somos víctimas que necesitan ser rescatadas de nuestros opresores. Esta mentalidad está tan arraigada en nosotros que nos es difícil entender que no somos víctimas. La idea podría ofendernos, parecernos incluso cruel o insensible. Sin embargo, ver a las personas como víctimas es la actitud más debilitante que se puede adoptar, pues mantiene a la gente en su impotencia, negando su capacidad para cambiar.

Una actitud compasiva inspira al individuo para que realice su grandeza, más allá de su situación externa. No estoy diciendo que neguemos la injusticia ni ignoremos las necesidades de los seres humanos, solo sugiero que el servicio más importante y duradero que podemos brindar es sanar a nuestra propia víctima interna y, en consecuencia, nuestra percepción de victimización en los demás.

Se necesita valor para ser un creador. Debes sostenerte en tu propia grandeza y asumir la responsabilidad plena por todo lo que sucede en tu mundo; sin embargo, las recompensas son infinitas: el resultado es la satisfacción suprema, contigo mismo y con la vida.

Ilusión 1: Soy una víctima

El pasto es siempre más verde del otro lado

Una forma clásica del victimismo es sufrir por lo que no podemos tener. Nos hemos convertido en expertos encontrando lo que falta y enfocando nuestra energía en ello: un método infalible para drenar de la vida toda la felicidad. Una mujer que no puede tener hijos se puede olvidar de todos los aspectos positivos de su vida por su frustración: puede ser que tenga la pareja perfecta, las condiciones para adoptar (si así lo deseara), total satisfacción en su trabajo, la libertad de viajar y hacer realidad sus intereses. Pero su idea rígida sobre *cómo deben ser las cosas*, su decepción con lo que no puede tener, puede convertirse en su obsesión, opacando así la magia y las oportunidades que se presentan en cada momento. Lo mismo puede suceder con cualquier parte de la vida que sentimos que nos falta completar: la ausencia de nuestra alma gemela puede eclipsar la pasión que tenemos por nuestra carrera, o el desempleo puede llevarnos a ignorar el apoyo que nos brinda amorosamente nuestra familia. Incluso los correos electrónicos en mi carpeta de spam reflejan esa tendencia a centrarse en lo que falta: con frecuencia me bombardean con ofertas de agrandamiento del pene (sin querer restar importancia a estas dificultades, o la sensación de impotencia que viene con ellos). Para mí ha quedado claro que la sensación de desventaja anatómica es solo uno de los chivos expiatorios que usamos por todo nuestro estrés y frustración. **Culpamos a nuestra insatisfacción** por una cosa que no podemos cambiar. Al hacerlo, renunciamos a nuestra capacidad de encontrar la alegría en todas las cosas maravillosas que la vida trae.

Vivir para volar

Víctima vs. creador: respuestas a situaciones reales

Hay muchas situaciones donde es fácil ver la diferencia entre la respuesta de una víctima y la de un creador. Los siguientes ejemplos pueden ayudarte a ser más consciente de tu propia actitud de víctima y empezar a tomar nuevas decisiones:

	Respuesta de una víctima	Respuesta de un creador
Relaciones	Tú no me estás haciendo feliz. Necesito que me ames para sentir que valgo.	Me regocijo dándote. Quiero servirte para ser lo mejor que pueda ser, así como yo estoy comprometido en ser lo mejor de mí. Yo me abro a recibir tu amor y lo merezco.
Pérdidas	¿Por qué todas las cosas malas me suceden a mí? No puedo ser feliz porque las circunstancias externas no me lo permiten. Si tuviera mejores oportunidades, podría sentirme pleno o realizaría mi potencial.	Abrazo las cosas que suceden en mi vida como oportunidades para crecer. Confío que, incluso las cosas que no quiero que sucedan, me están trayendo lo mejor. Me entrego a lo que es y fluyo con lo que viene. Mi dicha está en abrazar y disfrutar y no en resistir y quejarme.

Ilusión 1: Soy una víctima

	Respuesta de una víctima	Respuesta de un creador
Falta	No tengo suficiente tiempo/dinero/apoyo.	Si estoy totalmente presente me doy cuenta de que tengo todo lo que necesito en cada momento. Confío y fluyo. Estoy abierto a apreciar la abundancia que fluye siempre hacia mí.
Dar	Tengo que tomar porque no tengo suficiente. La gente quiere quitarme lo que tengo, así que lo tengo que proteger.	Yo estoy aquí para servir, es mi alegría dar desde la abundancia que tengo dentro. Al dar, recibo, porque me doy a mí mismo. Cuanto más doy más recibo.
Confianza	En el pasado, cuando he confiado me han decepcionado. Siempre espero que las cosas salgan mal.	La confianza viene de confiar. Elegir confiar es reflejo de mi integridad: no depender del resultado externo.

	Respuesta de una víctima	Respuesta de un creador
Cometiendo «un error»	No fue mi culpa. Tengo que explicarte por qué no fue mi culpa. Tengo que convencerte de mi excusa. No asumo la responsabilidad de mis actos.	Yo soy responsable de todo: si cometo un error, lo uso como una oportunidad para aprender y elegir diferente la próxima vez. Yo no defiendo, estoy dispuesto a escuchar para poder evolucionar.
Amistad	Como soy tu amigo y estoy para apoyarte, tú me debes. Te doy tanto que ahora tú me tienes que dar a mí.	Doy sin condiciones y estoy abierto a recibir. Soy vulnerable contigo y escucho sin resistencia lo que tienes que decirme, porque el amor no necesita defensa.

	Respuesta de una víctima	Respuesta de un creador
Reconocimiento	Necesito ser reconocido, necesito tu aprobación. Si no me apruebas, me invalidas. No me puedo valorar si no me aprecian.	Me valoro, la integridad de mis acciones me llena de satisfacción. Si experimento un desacuerdo en lo externo voy hacia adentro para ver cómo me hace sentir y tomar conciencia de eso en mí. Mi sentido de la autoestima se basa en mi experiencia interna de la conciencia, que no depende de las opiniones cambiantes de los que me rodean.

	Respuesta de una víctima	Respuesta de un creador
Acción	Todo se siente como un esfuerzo. Recibo cualquier petición con resistencia. Tomo atajos en lo que puedo por pereza. La mediocridad marca mis acciones.	Yo digo que sí a todo. La excelencia marca mis acciones y encuentro alegría en dar lo mejor de mí mismo, evolucionando con constancia.
Responsabilidad	Yo no soy responsable de las cosas que me pasan.	Yo soy responsable de mi universo.

CONTEMPLACIÓN

Pregúntate: «¿Cómo puedo llenar un vacío interno con el reconocimiento externo? ¿De qué manera dependo de la apreciación de los demás para compensar mi propia autocrítica?».

¿Ha ocurrido algo recientemente, por lo que hayas culpado a otra persona? ¿Existen áreas de tu vida en que te sientes impotente o víctima? ¿Puedes cambiar tu perspectiva y tomar medidas que te conviertan en un creador en esas áreas?

Capítulo dos
Ilusión 2: La comodidad manda

Expresada en la creencia: «¡La comodidad es siempre algo bueno! Cuanta más, mejor».

Realidad: todos los desafíos en la vida nos hacen más fuertes

Hace algunos años visité Tierra del Fuego, una isla muy hermosa en el extremo sur de Argentina y asentamiento de la ciudad más austral del mundo. Esta tierra de escarpadas cumbres nevadas es también el hogar de una enorme colonia de castores. Me contaron que estos castores no son nativos de Argentina, sino que fueron traídos de Canadá en la década de 1940 por el gobierno argentino, pensando que podrían hacer una fortuna con la explotación de sus pieles. Su razonamiento entonces parecía genial: ninguno de los depredadores del castor, como los osos o lobos, existía en Tierra del Fuego. Sin depredadores, los castores se multiplicarían muy rápido, por lo que se podría obtener una enorme ganancia con los beneficios de la venta de estas pieles tan caras.

En poco tiempo se puso el plan en acción y veinticinco parejas de castores fueron llevadas a Tierra del Fuego. Mientras los castores andaban «castoreando», los importadores esperaban alegremente los frutos de su negocio. Los castores, en efecto, se multiplicaron, pero sucedió algo inesperado: los recién nacidos no desarrollaron capas gruesas de pelaje como sus parientes de Canadá. De hecho, su piel no tenía ningún valor.

Angustiados, los empresarios pronto se enteraron de que en realidad el pelaje del castor crece grueso y abundante cuando experimentan miedo. Sin depredadores no tenían miedo, por lo que sus pelajes no crecieron.

En nuestra sociedad, la gente se rige por el nivel de comodidad e intenta conseguir cualquier cosa que haga la vida más fácil y requiera menos esfuerzo. Hemos aprendido a abstenernos de decir nuestra verdad por temor a los conflictos y para evitar confrontar nuestros miedos siempre que sea posible. Hemos llegado a valorar más la rutina que lo desconocido y la seguridad más que la espontaneidad. Sin embargo, a menudo, lo que nos hace sentir incómodos —los golpes, las decepciones y las pérdidas— son los desafíos en nuestras vidas. Nos gustaría no tener que enfrentar estas tormentas y, en cambio, son lo que nos fortalece. Nos dan madurez y responsabilidad y, después de todo, ¿qué mejor maestro podemos tener que nuestra propia experiencia?

La vida se estanca cuando eliminamos o evitamos sus desafíos. Si un niño es consentido y sus padres o quienes lo cuidan hacen todo por él, cuando tenga que enfrentarse al mundo se encontrará sin las habilidades necesarias para desenvolverse en la sociedad. Del mismo modo, si nos protegemos demasiado tratando de eludir los inevitables conflictos de la vida podremos encontrar alivio, pero no desarrollaremos las habilidades que nos ayudan a crecer. Podremos encontrar distracción, pero no autorrealización.

La historia de Buda es un ejemplo perfecto de esto. El príncipe Siddharta estaba protegido del mundo hasta el punto de nunca haber visto a ancianos o enfermos. Cuando por fin descubrió lo que le había sido ocultado, no estaba preparado para la conmoción que experimentó. Entonces se fue al otro extremo, se comprometió a tener una vida de penitencia y sufrimiento antes de encontrar finalmente el «camino del medio». Los extremos del mundo son parte de la vida y al proteger de forma exagerada a nuestros niños de estas realidades no les estamos haciendo ningún favor.

¿Cómo creciste de niño a adulto responsable? ¿Fue no cometiendo ningún error? ¿O fue mediante el aprendizaje que te dieron las consecuencias de tus acciones? En última instancia, tenemos que atravesar las situaciones nosotros mismos antes de comprenderlas por completo. Para prosperar y crecer como individuos debemos enfrentar al mundo aceptando las pérdidas y las decepciones que la vida nos trae. Entonces, en lugar de percibir las situaciones difíciles como obstáculos en nuestro camino, podemos utilizarlas como oportunidades para crecer, para atravesar nuestros límites y ampliar nuestros horizontes.

Es natural que la vida tenga altibajos. Estamos teniendo una experiencia humana que implica experimentar una extensa gama de sentimientos y situaciones. Cuando comenzamos a nutrir un espacio interno de seguridad y amor incondicional por medio de la expansión del *amor-conciencia*, experimentamos estos extremos de manera más libre. Empezamos a abrazar los contrastes de la vida y la vivimos como una aventura frente a los cambios y las incertidumbres. La autorrealización no se trata de vivir en un estado de encanto permanente, donde nunca se siente ninguna emoción. Más bien se trata de abrazar los contrastes de la vida a plenitud y sin miedo. Cuando estás anclado en tu libertad interior la necesidad de controlar tus circunstancias desaparece y puedes danzar sin restricciones con las variadas armonías de la sinfonía de la vida.

LISTA DE COMODIDADES
UNO — Si tu cuerpo no está en buena forma y saludable por la comodidad excesiva, haz algo de ejercicio.
DOS — Si tu mente almacena resentimiento porque has evitado los conflictos por comodidad, ve a hablar con la persona que estás evadiendo.
TRES — Si tu corazón está cerrado porque es más «cómodo» distraerte con lo externo, en vez de ir hacia adentro y liberar el dolor, deja de ignorar lo que en realidad está pasando. Sé honesto contigo mismo y permite la liberación de tus emociones reprimidas.

Sal de tu zona de confort

La comodidad brota del temor a lo desconocido y del miedo al fracaso. Nos sentimos seguros dentro de sus límites, pero en realidad esa comodidad es como una jaula dorada que nos protege de nuestra verdadera grandeza. Cuando no nos empujamos a ser más, nos conformamos con la mediocridad. Lamentamos lo que falta en nuestras vidas, pero no tomamos medidas para cambiarlo. El miedo al fracaso nubla nuestra percepción respecto a nuestro potencial. La mente nos convence de que no somos capaces de más, así que nos quedamos en el mismo punto.

Nos aferramos a la comodidad porque le tenemos miedo a nuestra grandeza. Es más seguro quedarse en las sombras que estar a la luz siendo el centro de atención: allí nos arriesgamos a ser criticados y juzgados por lo externo. La grandeza requiere la valentía de pararte solo y no transigir con tu verdad. Provoca cambio y causa evolución. La grandeza diseña su juego y no se limita a lo establecido. Confiar en uno mismo, ser íntegro sin abandonarse para complacer a los demás, eso es grandeza.

Hay un cierto nivel de complacencia colectiva en la sociedad. Romper con eso y ser uno mismo requiere valor, pero si en realidad queremos liberarnos de nuestra propia inercia debemos arriesgarnos y dejar de preocuparnos por lo que la gente pueda pensar. Debemos estar dispuestos, incluso, a cometer errores, a probar cosas nuevas y a tener nuevas experiencias, a mostrarnos y expresarnos.

Si estoy fuera de la muchedumbre, si hago algo digno de ser notado, me responsabilizo por ello. Claro, requiere menos esfuerzo echarme hacia atrás y culpar a mi situación financiera, a mi educación, a la sociedad, por no poder cumplir mis sueños. Sin embargo, todos somos capaces de ir más allá de nuestra zona de confort y alcanzar la grandeza; de hecho, algunas de las personas más inspiradoras y célebres de la historia han ido más allá de todas las dificultades alcanzando logros espectaculares. Ellas son las que dijeron que sí cuando todo el mundo decía que no, las que podrían haber utilizado sus circunstancias extremas como excusa para no llegar a nada en sus vidas, pero eligieron no caer allí.

Michelle Bachelet es un ejemplo que me ha inspirado en particular. Sufrió la muerte de su padre, padeció tortura y el exilio antes de convertirse en la primera presidenta de Chile socialista, divorciada y agnóstica, en un país tradicionalmente católico. Su compromiso con el bienestar de su pueblo superó la oposición pública, y alcanzó los índices más altos de aprobación para un presidente en los últimos veinte años. Como una madre cálida, pero firme, sabe que sus hijos le agradecerán más tarde su insistencia de hacer lo correcto.

Había una vez un niño de diez años de edad que perdió su brazo izquierdo a una edad temprana. Se paraba en frente del dojo de judo de su barrio, mirando con tristeza cómo los otros chicos entrenaban. Un día, el sensei se reunió con él afuera.

—*¿Te gustaría aprender judo?* —*le preguntó.*

—*Me encantaría, pero no puedo* —*respondió el muchacho, señalando el brazo que le faltaba.*

El sensei lo miró y le dijo:

—*Te puedo enseñar judo.*

Comenzaron las clases de inmediato. En la primera de ellas, el sensei enseñó al niño un simple movimiento y le pidió que lo repitiera una y otra vez hasta la perfección. Después de tres meses, el maestro se había negado a enseñarle otro movimiento, insistiendo en que practicara incansablemente el mismo que había aprendido en su primera clase.

—*¿No podemos intentar algo nuevo?* —*preguntó el muchacho*—. *¡Hay movimientos muy diferentes en el judo y solo he aprendido uno!*

Pero el maestro se mantuvo firme e insistió en que continuara practicando el mismo movimiento. El muchacho, sin entender pero confiando en su maestro, continuó su entrenamiento. Varios meses después, el sensei lo llevó a su primer torneo. Para su sorpresa, con su solo movimiento ganó sus dos primeras peleas con facilidad. El tercero fue un poco más difícil, pero después de un tiempo y dado que su oponente perdió la paciencia y lo atacó, el muchacho utilizó su única maniobra para ganar el encuentro. Miró incrédulamente a su profesor, asombrado de encontrarse en la ronda final.

Su rival en la final era mucho más grande y más fuerte. Él estaba seguro de que no podía ganar, pero su maestro lo miró con confianza, así que, encogiéndose de hombros, entró en la pelea. Nunca se había imaginado que podría llegar tan lejos, ¿qué podía perder?

La lucha fue larga e intensa, su oponente no mostraba signos de cansancio. Sin embargo, el muchacho continuaba, esperando que bajara la guardia para poder hacer su movimiento. Finalmente lo hizo por un momento, y con eso fue suficiente: hizo caer a su contrincante y ganó el torneo. ¡Era el campeón!

El niño corrió hacia su maestro sin poder creerlo.

—Sensei, ¿cómo es posible que haya ganado el torneo si solo sé un movimiento?

—Sencillo —respondió el sensei—. Tú has dominado uno de los movimientos de judo más difíciles. La única defensa conocida para ese movimiento es que tu oponente te tome del brazo izquierdo.

¿Puede un hombre negro ser presidente de los Estados Unidos? ¿Puede un hombre vencer el cáncer y ganar el Tour de Francia? ¿Puede un asceta no violento liberar a una nación de un imperio? ¿Puede un hombre con parálisis severa inspirar a los científicos más que nadie después de Einstein? ¿Puede un hombre sordo escribir un concierto? Por supuesto que puede. ¿Por qué entonces tú no puedes vencer las limitaciones autoimpuestas? Estamos rodeados de personas que han ido más allá de la mediocridad, a pesar de que tenían razones muy válidas para no hacerlo. Cuando tenemos la pasión en nuestros corazones, cuando estamos dispuestos a cuestionar aquello a lo que estamos acostumbrados y empujar mediante nuestros miedos, nada es imposible: todo parece posible y nuestros sueños empiezan a convertirse en realidad. Cuando creamos nuestros sueños, somos ilimitados.

CONTEMPLACIÓN

¿Dónde estás cómodo en tu vida? ¿Dónde te estás echando hacia atrás y prefieres no actuar para no agitar las aguas? La comodidad excesiva puede manifestarse como la pereza física o haraganería, como comer demasiado, una resistencia general a ser proactivo o a cambiar, o, más sutilmente, a continuar evadiendo la confrontación, la intimidad o las situaciones que te causan emociones extremas. Observa estos lugares de comodidad en tu vida y empieza a desafiarlos. Empújate a salir de tu zona de confort lo más que puedas. Camina hacia las personas que te hacen sentir incómodo o inseguro y diles lo que sientes. Luego, fíjate cómo te hace sentir eso. Prueba cosas nuevas. Asume riesgos. Atrévete a estar incómodo.

Pronto te darás cuenta de que cualquier abandono de ti mismo, por más «cómodo» que parezca, es siempre en última instancia insatisfactorio. Te deja indiferente, sin inspiración e infeliz contigo mismo. Sé directo, honesto y proactivo, empújate a ser más y desafía las ideas que tienes sobre quién eres y de lo que eres capaz. Aunque parezca incómodo en un momento, será infinitamente más satisfactorio.

Capítulo tres
Ilusión 3: No hay suficiente

Expresada en las creencias: «Algo me falta»
y «Tengo que aprovechar tanto como se pueda».

Realidad: tenemos todo lo que podamos desear o necesitar

La idea de que necesitamos algo que no tenemos en este momento es la raíz de nuestro descontento. Nunca estamos completamente satisfechos. Incluso cuando tenemos todo lo que hemos querido siempre, sentimos que nos falta algo. ¿Por qué? Porque en el fondo nos sentimos carentes, que necesitamos algo más. Nos hemos acostumbrado tanto a esperar por «ese algo» que nada nos es suficiente. El hábito de sentirnos insatisfechos se ha convertido en algo universal en la vida moderna. Esto es cierto para los ricos y para los pobres, para los solitarios y para las mariposas sociales entre nosotros.

¿Cómo romper este círculo vicioso del deseo incumplido?

Muchas tradiciones espirituales interpretan el deseo como contraproducente, algo que debemos conquistar para poder experimentar la realización. Otras escuelas de pensamiento, tales como el pensamiento positivo, consideran que cumplir nuestros deseos es el objetivo de nuestro trabajo espiritual. Yo propongo un enfoque alternativo: abrazar tus deseos para ver a través de ellos.

Cuando negamos un deseo, se hace más grande. Todos sabemos en qué comenzaremos a pensar si se nos dice que no pensemos en un elefante. Del mismo modo, si se nos antoja un pedazo de pastel de chocolate y nos decimos que no deberíamos comerlo, el pastel de chocolate surgirá desde cada rincón de nuestra mente. Sin embargo, también es cierto que si queremos experimentar plenitud interior tenemos que aprender a trascender los caprichos volubles de la mente, que fluctúan con frecuencia en un ciclo interminable de altos y bajos, decepciones y logros, éxitos y fracasos.

La realización espiritual es el mayor deseo del corazón. Así como un adulto ya no está interesado en los juguetes que a un niño le parecen fascinantes, cuando pruebas un poquito del *amor-conciencia* los demás deseos se sienten insignificantes a su lado. Por lo que no es negando el deseo que encontramos la liberación, sino descubriendo nuestro deseo más puro y verdadero. Una vez que hacemos esto, los deseos obsesivos y la necesidad de la satisfacción externa pierden de manera natural su poder.

Nuestros deseos están teñidos por los recuerdos almacenados en nuestra mente inconsciente. Las mujeres que en repetidas ocasiones se encuentran en relaciones abusivas, a menudo provienen de una niñez violenta y por lo general asocian abuso con amor. Por supuesto que no son conscientes de esta elección, pero el trauma de las experiencias del pasado empaña su elección de compañeros. Para otros, las cosas que buscan en la pareja pueden ser las que les faltaron en la relación afectiva con su madre. El deseo de riqueza personal puede estar motivado por habernos sentido menos que los compañeros en la escuela, o querer demostrar nuestro valor frente a alguien a quien veíamos como autoridad, o incluso envidiábamos. Por supuesto, estos son solo ejemplos, y cada una de nuestras historias es única y diferente, lo importante es que entendamos que nuestros deseos no son racionales y por ello no pueden ser removidos por un pensamiento racional. Cualquier intento de librarnos de nuestros deseos por medio del intelecto resultará en negación, pues a pesar de que intelectualmente queramos dejar ir el deseo,

Ilusión 3: No hay suficiente

el sistema de soporte de nuestra *matrix* personal nos controla desde un nivel mucho más profundo. Así, podemos convencernos de que en realidad no necesitamos un auto nuevo, diciéndonos que pronto nos cansaremos de él e iremos tras un modelo más nuevo; no obstante, aunque podemos entenderlo intelectualmente, el deseo no proviene del intelecto sino de un espacio más profundo, un lugar donde nos sentimos incompletos y que algo nos está faltando. A pesar de que el deseo ya no actúe, el ansia sigue estando allí, influyendo en nuestra vida en formas que ni siquiera nos damos cuenta: manifestándose como otros deseos o sentimientos de carencia, obsesión o necesidad.

Esto se hace más evidente en situaciones extremas, tales como el abuso de sustancias. Un alcohólico puede ser consciente del daño que se inflige con su hábito a sí mismo y sus seres queridos, sin embargo, sigue eligiendo el mismo comportamiento destructivo. ¿Por qué? Porque aunque es consciente de las consecuencias, de manera inconsciente siente que no merece nada mejor, y ahí está la adicción más profunda: al sufrimiento y a la culpa, una carga emocional que supera al pensamiento racional. De forma intelectual puede recordarse a sí mismo de sus responsabilidades y de lo mal que se siente al día siguiente, pero la necesidad de sufrir y de autodestruirse es tan fuerte que a menudo esta última es la que gana. El *amor-conciencia* es más poderoso que nuestras programaciones inconscientes. Al elevar la vibración del amor alimentando esa experiencia, la luz de nuestra conciencia comienza a brillar y las sombras de nuestras obsesiones, miedos y apegos empiezan a desvanecerse. Seguimos elevando nuestra conciencia, poco a poco, hasta que la vibración es más fuerte que la programación. Ya no sentimos que nos falta nada. Entonces la situación se invierte. El intelecto ya no está en control: se convierte en un sirviente de la conciencia, una herramienta que el *amor-conciencia* puede utilizar para interactuar con el mundo.

Cuando te encuentres obsesionado con un deseo, algo sin lo cual sientes que estás incompleto, detente un momento. Cierra los ojos y lleva tu atención hacia adentro. Pregúntate a ti mismo: «¿Qué me falta en este momento?». Trae tu conciencia totalmente al presente, experimentando este momento y las sensaciones que te llevan en toda su intensidad. Ve más profundamente, por debajo de los pensamientos y las sensaciones: ¿qué hay allí? Es posible que al principio no lo sientas, pero a medida que te vayas acostumbrando a llevar tu conciencia más allá del nivel superficial de la percepción, descubrirás la plenitud gozosa del ser que está siempre presente, siempre pleno. La experiencia del *amor-conciencia* es tan profunda y satisfactoria que de pronto nos volvemos adictos a eso, porque nos damos cuenta de que es lo único que nos puede completar. Esta es la mejor adicción que podemos tener, porque va con nosotros dondequiera que vayamos y nunca se termina.

No hay nada malo con el deseo, el truco está en desear sin apego. Lo que de verdad importa es que tú seas en cada momento. Que estés presente y dispuesto a dejar ir el apego a como tú quieras que las cosas sean. Si te enfocas en ser en vez de tener, en experimentar este momento al máximo en lugar de enfocarte en el objeto de tu deseo, verás que todo viene hacia ti. *Viene de por sí.*

Antes las cosas tenían que ser de cierta manera para mí. Para poder experimentar la alegría tenía que recibir algo a cambio del exterior: el reconocimiento, la ganancia material, el amor romántico, la atención. Yo tenía que ganar: tenía que ser la mejor en lo que hacía. Si no, no había alegría. Ahora eso ha cambiado, y ¿sabes lo que se fue con eso? El sufrimiento. Eso no quiere decir que ya no tenga metas o proyectos, sino que mi satisfacción no depende de los resultados. Ahora, yo pongo toda mi pasión en la exploración y creación de mis actividades, pero si algo no sale como estaba previsto ya no sufro.

El mundo en que vivimos existe para que lo amemos. Está diseñado para que podamos vivirlo al máximo, en nuestra propia expresión única y perfecta. Celebremos la vida explorando nuestros sueños y aspiraciones, cultivando al mismo tiempo una experiencia interior que nos lleve más allá de ellos, creando un espacio de estabilidad y aceptación de uno mismo, desde el cual podamos ver la magia de la existencia desarrollándose.

La necesidad dentro de las relaciones

¿Alguna vez has notado que en las relaciones muchos de nosotros sentimos una necesidad constante de poner a prueba a nuestra pareja? No importa lo que recibamos, siempre buscamos más: más compromiso, más amor, más cariño. Nada parece ser suficiente. Esta tendencia también se deriva de un profundo sentimiento de carencia, de no ser digno de amor. Cuando invariablemente nuestra pareja no logra satisfacer nuestras necesidades siempre cambiantes, nos sentimos decepcionados dentro de la realidad que hemos creado: en lugar de dar alabanza, amor y gratitud nos quejamos de lo que no tenemos.

Esto ocurre no solo con nuestra pareja sino también con nuestros jefes, compañeros, amigos y familiares. La raíz de la insatisfacción en cualquier relación se deriva del mismo punto: no estamos haciendo las cosas de manera incondicional, sino con el fin de recibir aprobación o compensación. Esto es amor contractual. En lugar de dar, estamos buscando lo que podemos tomar. ¿Cómo podemos resolver esto? Invirtiendo nuestra percepción: *Yo soy lo que doy, no lo que tomo.*

Cuando me convierto en una fuente de alegría y amor, en mis interacciones con los demás solo doy. Yo no necesito ninguna confirmación de que soy digno de amor. Si empiezo a dar reconocimiento, si empiezo a apreciar, si me convierto en la fuente del amor y encuentro los logros internos, puliendo mis conductas y actitudes en cada momento, me convierto en un ser alegre y feliz, un ser que inspira a otros a dar más y a crear más. Como consecuencia de ello, me elevo por sobre mi sentimiento de carencia y tengo una sensación de abundancia que quiero compartir con los demás. Así, siempre alegre, doy y doy.

> Soy lo que doy, no lo que tomo.

No te enfoques en lo que te falta, céntrate en lo que puedes dar (dónde puedes apreciar, dónde puedes dar amor). Esto elevará tu ser a un lugar dichoso.

Lo que da vida a los corazones de los otros hace brillar el tuyo. Puede ser que encuentres tu pasión por la vida repartiendo comida en la calle. O recogiendo basura en la carretera, ayudando a los necesitados, o simplemente escuchar a alguien que necesita de un oído compasivo. Relaciónate con tu entorno, y dondequiera que mires encontrarás oportunidades para dar.

La conciencia da con un entusiasmo contagioso, brilla e inspira. Esto es muy diferente a dar porque nos sentimos obligados a hacerlo, o porque la sociedad espera algo de nosotros. Dar proviene de la alegría, de la percepción de la unidad: *Yo soy eso, por lo tanto doy a eso. Veo en dónde puedo servir, en dónde puedo ser más y dónde puedo dar más a los demás*. Da desde un lugar de realización, no para recibir aprobación.

No importa lo que estés dando siempre y cuando des. Cuando yo era niña solía llenar un viejo frasco con agua y pétalos de rosa y preparaba lo que para mí era el perfume de rosas más dulce para mi madre. En realidad, los pétalos viejos y empapados probablemente no olían muy bien, en especial esa agua estancada que hubiera sido mejor para los renacuajos, pero ¡mi madre siempre lo recibía con alegría! Era la entrega la que conectaba nuestros corazones, no el objeto en sí. Esta es la naturaleza del dar verdadero: como un niño, espontáneo y alegre.

Dar y recibir

La disparidad entre lo que creemos que damos y lo que consideramos que recibimos a cambio es a menudo causa de conflictos en las relaciones. Casi siempre hay alguien que da, da, da, y luego se desilusiona cuando no recibe algo a cambio; y otro que toma, toma, toma, pero no puede apreciar en realidad lo que está recibiendo. De ahí sobreviene el resentimiento; lo que comenzó como una relación apasionada y comprometida termina destruida abrupta e inesperadamente. En algunos casos, las personas pasan años soportando este resentimiento, ambas partes acumulando una extensa lista de reproches del grosor de una guía telefónica.

Aquellos que dan esperando algo a cambio dan con condiciones. En última instancia, sienten que no merecen ese antiguo sentimiento que aún está en el fondo, olvidado, cubierto de resentimiento y exigiendo venganza.

En la otra mitad de la ecuación están los que no tienen la capacidad de dar, esos que solo toman de los demás. Para ellos, nunca nada es suficiente, nunca están satisfechos, toman pero no pueden recibir.

En ambos casos hay que encontrar el amor interior; cuando se descubra se disolverá el temor a dar. Con ese temor se va el miedo a recibir. Entonces, un nuevo ciclo se forma, un ciclo que comienza dando, siempre dando, sin condiciones. Como consecuencia de ello empezamos a recibir en verdad: todo viene a nosotros, fluyendo en un círculo eterno de amor ilimitado e incondicional, que no sabe más que compartir y fluir.

Si te enfocas en dar incondicionalmente de la fuente inagotable de amor que se encuentra dentro de ti, encontrarás que tu experiencia interna ni disminuye ni se agota. Cuando damos de forma pura y limpia, como consecuencia de la sanación, viviendo un presente feliz y pleno y no envuelto en los reclamos y resentimientos de nuestro pasado, nos damos cuenta de que al dar no estamos perdiendo; que en realidad, cuando damos desde un lugar de alegría, nos estamos dando a nosotros mismos.

CONTEMPLACIÓN

¿En qué área de tu vida siempre sientes una carencia? ¿Siempre estás queriendo más comida, alcohol o drogas? Quizá siempre deseas más ropa de moda, coches de lujo, más reconocimiento o logros en el trabajo, más dinero, o más amor. Cuando te des cuenta de estas áreas, comenzarás a desactivar su poder: cuando sientas ese «tirón» de lo externo que aleja tu atención de ti y la fija en el objeto de tu deseo, revierte ese movimiento energético y lleva tu atención a lo profundo en ti. Cierra los ojos, lleva tu atención al corazón y pregúntate: «¿Qué estoy sintiendo en este momento?». Cuando aparece el deseo de algo, se activa la sensación de carencia y la ansiedad o vacío interior que los controla se hará más evidente que nunca. Entonces tómate tu tiempo para ir hacia adentro y escucha. Permítete sentir esa carga y poco a poco se disipará. Si haces esto cada vez que sientas la necesidad de algo externo, pronto estarás libre de la raíz de ese deseo.

1. La próxima vez que desees recibir algo de alguien cercano, dale algo en vez de esperarlo. ¿Sientes que tu jefe no reconoce tu desempeño en el trabajo? Felicita a tu jefe o a un compañero cuando te ayude a que tu labor sea más fácil. ¿Sientes que tu pareja no es suficientemente atenta? Sé más atento tú. Cuando das lo que sientes que te falta, te das cuenta de la fuente ilimitada (de aprobación, atención, amor, apoyo) que se encuentra dentro de ti, y, al hacerlo, dependerás menos de lo que recibes del exterior.
2. ¿Cuándo fue la última vez que diste sin esperar nada a cambio? Juega con ideas sobre las diferentes maneras en que podrías dar de forma desinteresada esta semana: recogiendo la basura de tu vecindario, como voluntario en un refugio de animales, limpiando la despensa y donando alimentos a un refugio para indigentes. Y luego realiza por lo menos uno de estos actos. Después observa cómo te sientes. Es probable que sientas que has ganado más de lo que has entregado.

Capítulo cuatro
Ilusión 4: La pasividad me protege de cometer errores

Expresada en las creencias:
«Prefiero retroceder cuando se requiere actuar,
así no corro el riesgo de equivocarme» y
«Si no hago nada, las cosas se acomodarán solas».

Realidad: al actuar en nuestras vidas encontramos nuestra fuerza

Muchas personas prefieren no hacer nada antes que actuar en sus vidas. Evitan asumir responsabilidades. No quieren tomar decisiones, prefieren ser guiadas ciegamente hacia un futuro al que no quieren hacer frente, un futuro que, en última instancia, terminará en resentimiento y desilusión. Su pasividad refleja y perpetúa su falta de pasión en la vida.

Algunas de ellas se quedan en puestos de trabajo insatisfactorios por décadas, quejándose todas las noches de lo mucho que odian a su jefe o lo degradante que es su trabajo. Otras permanecen en relaciones abusivas, aguantan golpes y palizas, año tras año pues creen que eso es lo que les toca en la vida. Millones en el mundo occidental son cada vez más obesos, ven demasiada televisión e ingieren comida chatarra sin pensar siquiera. Su respiración es cada vez más pesada, su presión sanguínea se eleva y sus articulaciones ya no les responden y solo tienen dolor crónico. Se olvidan por completo de la alegría del movimiento y permanecen sentados de manera pasiva.

Por supuesto, estos son ejemplos extremos. Mucho más comunes son las personas que llegan a un lugar de relativa comodidad en su vida y se asientan allí sacrificando sus sueños y pasiones. Esto me recuerda a una amiga mía. Ella tenía una de las voces más extraordinarias que jamás haya escuchado y uno de los rostros más hermosos que jamás haya visto. Tenía una personalidad, aspecto y talento destinados al estrellato; su sueño era convertirse en una cantante famosa. Tuvo la oportunidad de viajar alrededor del mundo en los años setenta como corista de una de las más exitosas cantautoras de su tiempo. Cuando regresó estaba lista para el estrellato; sin embargo, dejó pasar las nuevas oportunidades: en lugar de abrazar su increíble regalo, hizo todo lo posible por destruirlo. Su autoestima estaba extremadamente baja y se escondió en sus adicciones. Bebió mucho, consumió grandes cantidades de drogas y fumó hasta el punto de destruir su voz por completo. En lugar de perseguir su pasión, optó por quedarse en casa bebiendo, desperdiciando el tiempo en las máquinas tragamonedas. Una noche, al regresar ebria se cayó de la moto y se lastimó seriamente la cara. Ella nunca creyó que merecía lo que tenía y, en vez de alcanzar la grandeza, se mantuvo cómoda dentro de su disfuncionalidad.

La pasividad también puede adoptar la forma de aceptar los obstáculos inesperados de la vida sin tratar de encontrar una forma de superarlos. En tales situaciones es útil recordar el dicho de «querer es poder». Un ejemplo perfecto de la importancia de pasar a la acción en momentos como este sucedió recientemente en mi primera gira europea.

Durante una visita a Ámsterdam nos encontramos en medio del caos a causa de una erupción volcánica en Islandia que cubrió la mayor parte de Europa con una nube de ceniza. Con cientos de vuelos cancelados y miles de turistas varados de repente, parecía que nunca llegaríamos a la siguiente etapa de nuestro *tour*: Viena, donde planeaba ver a los sementales Lipizzaner de la legendaria Escuela Española de Equitación, un sueño que tenía desde niña. Después de muchas negociaciones, un joven de la taquilla en la estación central de trenes de Ámsterdam salvó nuestras vidas, trazando una ruta muy compleja con varios cambios que nos permitió llegar a tiempo, apenas unas horas antes del *show* de equitación. Todo salió como estaba planeado, pero no esperábamos (nuestro conocimiento de las erupciones volcánicas en ese momento era mínimo) que la siguiente parada en nuestro recorrido también se viera afectada, ya que la ceniza continuaba representando un peligro para los vuelos.

Llegar al siguiente destino era mucho más urgente —tenía programada una entrevista en vivo con CNN Madrid— y la distancia a recorrer era mayor. Sin embargo, el principal obstáculo no era la distancia, sino el hecho de que después de cruzar Suiza tuvimos que atravesar Francia. Como se acostumbra ahí, había huelga de trenes y los sindicatos permanecieron insensibles ante un flujo de pasajeros ferroviarios nunca antes visto. Nuestro viaje era a través de Lyon y Nimes y luego se perdía en una serie de rutas posibles que dependían del temperamento errático del personal en huelga y de los horarios de los trenes en los que estábamos hacinados, que cambiaban continuamente.

Después de correr para tomar el tren en Lyon, el cual estaba tan lleno que no se podía encontrar un asiento, tuvimos que acomodarnos junto a otras quince personas que, trepadas a sus maletas, se ubicaban en el estrecho corredor entre el baño y la puerta del vagón. Parecíamos contorsionistas cada vez que permitíamos a otros pasar al baño. Finalmente en Nimes fuimos expulsados de ese corredor, solo para terminar en otro vagón que también estaba a punto de reventar, como el metro de Tokio. Por último, llegamos a Perpiñán; caminamos por la ciudad siguiendo a una fila de turistas tan larga como la del Flautista de Hamelín, yendo de una estación a otra, solo para encontrar que ese día no habría más trenes que nos llevaran a España.

Vivir para volar

Estábamos a poco menos de 800 kilómetros de Madrid, pero decididos a llegar a tiempo para la entrevista nos resignamos a tomar un taxi. A pesar del gasto y las dificultades hicimos la entrevista y el resto de nuestra visita a España fue maravillosa.

Un año más tarde otro volcán comenzó a arrojar cenizas, esta vez mucho más cerca de casa, en Chile. Esta erupción coincidió con nuestro regreso de México, camino a un seminario en Buenos Aires, Argentina. Cuando llegamos a Santiago de Chile nuestro vuelo de conexión había sido cancelado, y después de varias horas de espera con la esperanza de que se abriera la disponibilidad de otro vuelo, nos decidimos a probar la ruta por tierra, ya que aún teníamos la posibilidad de llegar a tiempo para nuestro evento. Un amigo nos llevó desde el aeropuerto hasta la frontera con Argentina en su camioneta y allí cruzamos a pie en medio de magníficos picos nevados. Admirados por el entorno nos olvidamos del frío y nos dejamos cautivar por la belleza mágica de los Andes. Al otro lado de la frontera nos encontramos con otra amiga que había ido a recogernos desde la cercana ciudad de Mendoza. Llegamos al aeropuerto de Mendoza justo a tiempo para saber que el último vuelo a Buenos Aires que planeábamos tomar había sido cancelado. Una vez más nos subimos a un taxi para recorrer durante la noche los casi 1100 kilómetros que teníamos por delante. El seminario comenzaba a las diez de la mañana siguiente. Llegamos a las nueve, con el tiempo justo para bañarnos y llegar al inicio del evento. Tres días más tarde hicimos el mismo viaje de vuelta, ¡pues las cenizas aún no habían desaparecido!, ya que teníamos que llegar a un evento en Guadalajara, México, tres días después.

En estas circunstancias, si hubiéramos tirado la toalla frente a los obstáculos del viaje nos hubiéramos quedado atascados y abatidos por todos los planes frustrados. Los cientos de personas inscritas para aprender en el Seminario del Sistema Isha en Buenos Aires se hubieran decepcionado mucho, sin mencionar la aventura que nos hubiéramos perdido. Cuando aceptamos lo que la vida nos trae y hacemos algo para cambiar nuestra situación, también nos podemos divertir en el camino, ¡incluso cuando dura más de lo planeado!

Pasividad vs. rendición

Un maestro viajaba por el desierto con uno de sus discípulos. Al caer la noche pararon y armaron una tienda para acampar. El trabajo del discípulo era atar el camello, pero no lo hizo y lo dejó suelto fuera de la tienda. En cambio, se sentó a meditar y dijo al universo:

—¡Confío en que todo es perfecto y que tú cuidarás al camello! —después se quedó dormido.

Por la mañana, cuando despertó, el camello no estaba a la vista. Podría haber sido robado, podría haber escapado, ¡cualquier cosa pudo haber pasado!

El maestro preguntó al discípulo:

—¿Qué pasó? ¿Dónde está el camello?

—No sé —respondió el discípulo—. Pregúntele al universo, yo claramente le pedí que lo cuidara por mí. Tú siempre me enseñas a confiar en la perfección del universo, así que confié. Ahora, ¡no me culpes a mí!

El maestro dijo:

—Confía en el universo, pero primero ¡amarra a tu camello!

A medida que recorres el camino en tu despertar no confundas la entrega ni la rendición con la pasividad. No pienses que abrazar lo que viene significa sentarse a esperar que todo te caiga del cielo. La vida no funciona así. Tienes que poner las cosas en movimiento. Simplemente dar vueltas y esperar que algo suceda genera inercia y estancamiento. Muchas personas se quedan en ese espacio de pasividad. Entonces, cuando nada sucede, se sienten víctimas porque sus expectativas no se cumplieron.

Rendición y pasividad son mundos diferentes. La rendición o entrega es la acción de confiar en la fuerza creativa del universo. Abarca el momento con alegría, regocijándote en su plenitud. La entrega es activa y vibrante, atractiva y confiable. La pasividad es complacencia, desilusión, resentimiento e insatisfacción. La entrega viene del amor y la confianza, mientras que la pasividad se deriva de la amargura y la decepción. No suelta y fluye con lo que viene: la resignación.

Elizabeth, mi bulldog, es un maravilloso ejemplo de entrega a la vida. La primera vez que la vi en una tienda de mascotas en Chile me robó el corazón. Era una cachorra desnutrida, con retraso en su crecimiento físico y cubierta de verrugas. La pobre había estado encerrada en una jaula de la tienda durante cuatro meses, nadie la iba a comprar porque era muy pequeña para su edad. Me sorprendí al escuchar que había estado viviendo así durante tanto tiempo, y aunque yo no había planeado tener otro perro (¡ya tenía siete!) era imposible resistirme a llevarla.

Elizabeth abraza su realidad por completo, como lo hacen todos los perros. No se sientan preguntándose si su vida podría ser diferente, tienen una habilidad innata para disfrutar de la vida con exuberancia y sin cuestionar. Este es un don que los humanos podrían aprender. La pasividad en la que nos revolcamos nubla nuestros días, inhibe nuestra capacidad para disfrutar de verdad lo que está frente a nosotros. Como resultado, nuestra capacidad de encontrar la verdadera felicidad ha disminuido en gran medida. Nuestra incapacidad para abrazar la belleza de nuestra realidad actual, en combinación con nuestra renuencia a adoptar medidas para cambiar aquellas cosas que no están funcionando, nos mantiene descontentos. ¡Pero no a Elizabeth! Ella abraza todo con aceptación amorosa y creo que esta rendición es lo que la trajo a mi vida. Porque ella se rindió a la realidad de su situación en aquella tienda de mascotas, y ahora experimenta el otro extremo: vive en un refugio de lujo, adorada y mimada a su antojo. Es el perro más amoroso y cariñoso que he tenido, y ella es muy feliz cuando que queda dormida encima de mí, cubriéndome con sus cachetes babosos.

Recibimos de la vida lo que le damos. Si nos enfrentamos a situaciones desagradables con resentimiento impotente y falta de acción, esas circunstancias solo empeorarán. Sin embargo, si aprendemos a aceptar las dificultades con entrega y confianza —la confianza de que todo nos está llevando hacia más libertad de la que podemos concebir—, mientras damos los pasos para mejorar nuestra situación, tal vez, solo tal vez, podamos transformar nuestro sufrimiento en una oportunidad de crecimiento.

Haz lo que tiene que hacerse. No ignores tu realidad. Luego, cuando hayas hecho todo lo posible, suéltate y confía en el universo: él sabe muy bien lo que está haciendo.

CONTEMPLACIÓN

¿Dónde estás siendo pasivo? Hay muchas áreas diferentes de nuestras vidas donde nos abandonamos y nos alejamos de nuestro poder.

¿Le dices la verdad a tu pareja, o adaptas tus respuestas para evitar el conflicto?

Muchos de nosotros esperamos que nuestra pareja sepa lo que estamos sintiendo sin tener que decírselo, entonces nos resentimos cuando no adivinan.

¿Evitas tomar decisiones por miedo a cometer un error?

Puede ser que te sientas más seguro al ser pasivo, sin hacer nada, pero perder las oportunidades que la vida te presenta jamás te dejará satisfecho. Arriésgate e incluso disponte a equivocarte. Si no te gusta el resultado podrás hacer las cosas de manera diferente la próxima vez.

¿Sueles posponer las cosas que podrías o deberías hacer ahora?

El aplazamiento es el sello distintivo de la pasividad y proviene de la falta de confianza en tu voz interior. Escucha a tu corazón, no a las dudas de la mente: el corazón siempre sabe qué decisión te conducirá a más amor.

Capítulo cinco

Ilusión 5: La discriminación es aceptable. Hay personas y cosas mejores que otras

Expresada en la creencia:
«Algunos aspectos de este mundo son de alguna manera
imperfectos: mejor o peor que otros».

Realidad: toda la creación es merecedora de amor

La discriminación proviene de la resistencia a aceptar cualquier cosa que esté fuera de nuestras estructuras. Discriminamos lo desconocido. Discriminar es ir en contra de aquello con lo que no nos identificamos, que no corresponde a nuestra ideología, nuestras ideas. Para poder definirnos a nosotros mismos como individuos debemos tener una personalidad. Dentro de esta personalidad estructuramos sistemas de creencias, y en cuanto comenzamos a identificarnos con ellos sentimos que tenemos que defenderlos porque definen quiénes somos. A medida que nos convertimos en *amor-conciencia* nos damos cuenta de que nuestros sistemas de creencias son simplemente ideas que hemos cultivado a lo largo de nuestras vidas. Empezamos a abarcar nuevas perspectivas con una mente más abierta, en lugar del rechazo automático. Cuando nos transformamos en amor encarnamos todo. Cuando nos limitamos a nuestra personalidad y a los sistemas de creencias, no hay lugar en nuestras estructuras para nada más.

¿Cuántas de nuestras opiniones son en realidad nuestras? De hecho, muy pocas de nuestras convicciones provienen de nuestra experiencia directa, la mayoría son adoptadas de nuestras familias y la sociedad en general. Lo que es correcto en una parte del mundo puede considerarse incorrecto en otra. Lo que una generación rechaza, otra lo puede integrar. Tener varias esposas en algunas culturas es ilegal, mientras que en otras es un símbolo de riqueza. El hecho de que una opinión sea generalizada no significa que sea válida; por ejemplo, cuando todos pensaban que el Sol giraba alrededor de la Tierra. Si la buscas, podrás encontrar validación para casi cualquier opinión que tengas. La ilusión siempre confirmará tus temores, ya que funciona como un espejo imparcial que refleja aquello en lo que te estás enfocando. Si tienes miedo o un juicio fácilmente encontrarás el apoyo externo que justifique tu prejuicio.

Prejuicio significa ir a la guerra. Prejuicio significa defender siempre una idea y justificar nuestra discriminación con la excusa de un bien mayor, para el mejoramiento de la humanidad, la voluntad de Dios. Los «ismos» son siempre justificados a los ojos de quien los promueve.

Históricamente hemos lanzado bombas, luchado y sacrificado a fin de proteger nuestras creencias. ¡Ya no hagamos eso! Cada vez que luchamos por una opinión, incluso dentro de nuestra familia más cercana, creamos nuestra propia guerra en miniatura. El conflicto que percibimos en el mundo es solo una manifestación de nuestra propia violencia interna. A medida que comenzamos a elegir la alegría aprendemos a amar la dualidad del mundo y las diferencias de los otros, sabiendo que son aspectos de nosotros mismos. Descubramos la ligereza de la risa y escribamos un nuevo relato para los libros de historia por venir.

La naturaleza, con su infinidad de especies, colores y formas, abraza la diversidad. La naturaleza no niega ningún aspecto de sí; la belleza de sus paisajes radica en el contraste y la variedad. Como la naturaleza, el amor también celebra la belleza de la diversidad. En lugar de percibir lo diferente como una amenaza, el amor no silencia ninguna voz.

Todos los aspectos de la creación sirven. La destrucción instiga el renacimiento; el mundo danza de la tormenta a la calma en el flujo y reflujo de la evolución. Con cada cambio el mundo renace en una vibración superior, reafirmando los valores de alegría y amor, liberándose de la densidad del miedo.

Mi abuela tenía ideas fijas. Había enfrentado la escasez durante la Gran Depresión y después de mudarse a una vida de abundancia en la floreciente economía de Australia, aún estaba acostumbrada a la idea de la carencia. Era capaz de caminar varios kilómetros feliz si se trataba de escatimar y ahorrar unos centavos en una docena de plátanos. Su condicionamiento gobernaba sus acciones y nunca cuestionó su relevancia en su situación real. Sus actos eran robóticos, así como sus opiniones e ideas.

Como mi abuela había vivido dos guerras mundiales, de forma automática tenía prejuicios contra los alemanes y japoneses. Los vecinos de ambos lados de la casa donde me crié eran alemanes. Además, mi madre solía enseñar inglés a estudiantes japoneses. Mi abuela, que vivió con mi familia durante mi infancia, mascullaba sus quejas y prejuicios, manteniendo su opinión como algo valioso. Curiosamente, sus opiniones no afectaban la manera en que se relacionaba con los vecinos. ¡El perjuicio era en realidad solo una idea en su cabeza! Ella se relacionaba con estas personas con la misma calidez y aceptación genuina como lo haría cualquier otro ser humano, pero insistía en que los alemanes y los japoneses eran gente mala.

Mi madre se rebeló contra los prejuicios de mi abuela haciendo todo lo posible para ser «de mente abierta» —religiosa, política y étnicamente—, yendo muy lejos para enseñar y ayudar a todos los grupos minoritarios de su entorno.

Al reaccionar ante las opiniones de tus padres tal vez te has ido al otro extremo en ciertas cuestiones. Tus creencias vehementes pueden parecerte más justificadas que los prejuicios que juzgas en ellos, pero siempre y cuando estés sosteniendo una posición, sigues discriminando.

Es posible que hayas adoptado lo que consideras una creencia más evolucionada, pero sigue siendo una creencia. Si para poder tener la razón tienes que demostrar que otro está equivocado, se trata de un prejuicio.

Tus respuestas robóticas, ¿son actos que provienen de la abundancia y del amor, o solo son una programación que te mantiene aislado, con una percepción limitada del mundo? Obsérvate a ti mismo y toma conciencia de cuándo te apartas del mundo: cada NO construye un muro nuevo y cada SÍ abre una nueva posibilidad.

A menudo es más fácil ver la discriminación en los demás que en nosotros mismos. El prejuicio se magnifica en el escenario mundial como la guerra, el racismo, el extremismo religioso y la desigualdad social. Podemos hacer una campaña para cambiar estas cosas, pero la forma más efectiva para transformar estos aspectos de la humanidad es tomando conciencia de ellos en nosotros mismos y realizar un cambio interno. Puede que tú no seas racista, clasista o sexista, pero podrás encontrar lugares dentro de ti en los que discriminas. Puede ser que lo hagas comparando tu trabajo con el de otra persona, o juzgando el nivel de inteligencia de alguien más. Incluso, si es mucho más sutil que la opresión abierta, sigue siendo discriminación. Al operar el cambio en nosotros podemos empezar a asumir la responsabilidad de las cosas que deseamos cambiar en el mundo. Enfocándonos hacia el interior, volviendo a nosotros mismos, podemos transformar el mundo desde dentro.

> Cada NO construye un muro nuevo, pero cada SÍ abre una nueva posibilidad.

CONTEMPLACIÓN

¿En qué áreas tienes prejuicios hacia otras personas, lugares o cosas? Tal vez miras hacia abajo a las personas que guardan en bolsas tus compras en la tienda, o quizá frunces la nariz ante un tipo particular de alimentos. Por otro lado, tal vez pones a ciertas personas o cosas en un pedestal, respetándolos o valorándolos más que a los demás.

Presta atención a los pensamientos que tienes a lo largo del día y observa dónde discriminas. Pregúntate a ti mismo: *¿Son estas mis creencias o son las creencias de mis padres, mis abuelos o de mi cultura? ¿Puedes soltarlas y abrir tu corazón a las cosas que has dejado afuera?*

Cuestiona cada aspecto de tu personalidad. Mira con atención y pregúntate: *¿es esta mi realidad? ¿Sirve esto? ¿O se trata de prejuicios que me mantienen atrapado en una estructura que limita mi visión?*

No te examines con severidad, toma conciencia de tus comportamientos con alegría y permite que se evaporen como el agua que forma las nubes para caer más tarde en forma de lluvia, transformada en un abrazo nutritivo e incluyente para el mundo.

Capítulo seis
Ilusión 6: Soy independiente, separado del resto

Expresada en la creencia: «Soy un ser pequeño
y separado de ti y de todos los demás».

Realidad: todos somos uno

Nosotros percibimos la separación por todas partes en nuestro mundo, desde la existencia de millones de galaxias diferentes hasta los quarks y electrones a nivel subatómico. Además de las entidades separadas que percibimos en la naturaleza, hemos llegado a experimentar la separación de los demás en forma de veredictos y la condena de ciertos aspectos de nuestro mundo como algo malo. Podemos sentirnos separados de un grupo de personas debido a su condición social, sus ideas políticas, su nacionalidad o religión, y también de una persona, un progenitor u otro pariente, un compañero o alguien que nos haya hecho sentir que nos equivocamos de alguna manera. Tratamos de evitar a esta persona o grupo de personas, nos distanciamos de ellos y, en un nivel sutil, los culpamos de nuestro desagrado.

Cuando percibimos el distanciamiento no nos detenemos a considerar que podría tener algo que ver con nuestra experiencia interna.

Imagina por un momento que tu mundo fuera un gran espejo que refleja todos tus gustos y desagrados, así que lo que desprecias de los demás en realidad viene desde tu interior. En lugar de rechazar a los demás y tenerles aversión, empieza a sentirte responsable. No estoy hablando de castigarte o culparte por tus sentimientos hacia el mundo exterior, sino de ir hacia adentro para encontrar lo que te separa.

Si veo una separación, debo caminar hacia ella. Así es como la separación se sana: reduciendo la brecha, acercándose. Alejarse solo la amplía. Tan pronto como ignoro o niego algo en el exterior me estoy distanciando. Estoy negando un aspecto de mí mismo y refuerzo la diferencia entre «yo» y «ellos».

Por lo general, cuando nos sentimos separados de alguien o algo en nuestro mundo nos segregamos en grupos diferentes, facciones diferentes, distintos gustos y desagrados. Un ejemplo clásico de esto es la separación de la Iglesia de Inglaterra de la Iglesia católica romana en el siglo XVI, a raíz de la controversia creada por la anulación del matrimonio de Enrique VIII de su entonces esposa católica, Catalina de Aragón. Este es un ejemplo extremo de cómo cambiamos de grupo o alianzas a fin de tener lo que queremos. Al continuar separando, reforzamos las etiquetas que nos ponemos a nosotros mismos y a los demás, reuniéndonos solo con aquellos que comparten nuestras opiniones. Con el tiempo, estos grupos son cada vez más pequeños a medida que se van fragmentando en definiciones cada vez más específicas de «nosotros» y «ellos». Cada vez que hay un desacuerdo o una persona no acepta nuestras convicciones dentro del grupo, la expulsamos de nuestro círculo. Si no tenemos cuidado, cortamos tantos aspectos de nuestro universo que terminamos solo con el gato y la televisión como compañía. Esta actitud interior, que define aliados y enemigos, llevada al extremo es la actitud que inicia las guerras, ya que expresa: «Yo estoy separado de la totalidad».

Abraza tu mundo en lugar de rechazarlo. Abre tus brazos y estrújalo bien. Con ese abrazo lleva de vuelta todo a tu corazón. Mantenlo cerca y date cuenta de que cuando lo estás amando, estás amando todo.

Cuando te sientas separado de tus seres queridos acércate a ellos y diles lo que sientes. Sé transparente y abre tu corazón. Tenemos la idea de que si decimos nuestra verdad nos alejamos de la gente que amamos, pero es todo lo contrario. Cuando decimos la verdad abrimos un flujo de corazón a corazón, lo que nos permite sanar cualquier angustia o separación, injusticia o victimismo que sintamos en ese momento. Si practicas esto dentro de tu círculo íntimo, en poco tiempo comenzarás a extender este abrazo al resto de la humanidad.

El ego: sanar la separación con uno mismo

En la espiritualidad moderna se habla mucho sobre el ego. Yo no me enfoco tanto en el ego, ya que he visto a muchas personas quedándose atrapadas en la lucha contra él o tratando de destruirlo. Esto viene de un malentendido muy común: la idea de que el ego es intrínsecamente malo o inclusive malvado, lo cual alimenta la creencia de separación; la separación de uno mismo.

No hay nada malo con el ego, es solo una protección. El ego comprende la personalidad individual, las máscaras y las defensas que utilizamos para ocultar nuestra inseguridad. Para explicar esto, a menudo uso la siguiente analogía:

Imagina que eres un huevo de águila. Esa águila bebé que está dentro representa el *amor-conciencia*, tu verdadero yo, tu máximo potencial. Sin embargo, tú no sabes que el águila existe, pues por ahora eres solo un huevo. La cáscara representa el ego. La función de esa cáscara es proteger lo que aún no está maduro, proteger al águila bebé del mundo hasta que esté listo. Puede que esta cáscara se presente como falso orgullo o arrogancia, como inseguridad o humildad fingida. Es la vocecita que te dice que hay algo mal contigo, que deberías ser diferente. Es la voz que siempre te hace menos, manteniéndote en tu pequeñez, dudando, desconfiando, preocupándote. ¿Hay algo malo con la cáscara del huevo? No. Solo hace su trabajo, proporcionando protección hasta que el águila haya crecido y esté fuerte. Cuando el águila bebé es lo suficientemente grande empieza a romper la cáscara. Cuanto más se expone a la luz, más rápido se cae la cáscara, porque con cada grieta nueva el águila se da cuenta de una realidad más grande de la que ha conocido y, por lo tanto, crece su deseo de liberarse de lo que limita su crecimiento. Cuando finalmente se libera, la luz se precipita a envolverla desde todos los ángulos mientras se regodea en la gloria resplandeciente de su nuevo reino. Desplegando sus alas, sabe que ya no es la pequeñez estrecha del huevo sino que es el rey de los cielos.

En tu viaje hacia el despertar no trates de destruir el ego ni luchar contra él, pues al hacerlo solo estás alimentando la separación. En cambio, enfócate en cultivar esa majestuosa águila que está en tu interior. Cuando tu conciencia haya madurado, el ego se desprenderá naturalmente, sin ningún tipo de esfuerzo de tu parte, porque ya no quedará nada que proteger.

La ideología ideal

Hay muchas ideologías en el mundo. Unas son hermosas y otras destructivas. Unas son creativas y otras son represivas. Algunos tal vez deseamos aplicar ciertas ideologías, mientras que otras no nos atraen. No obstante, todas tienen un rasgo en común: todas son solo ideas (de ahí la raíz de la palabra: idea-logía).

En nuestra búsqueda para sentirnos seguros y definir nuestra identidad nos apegamos a una idea tras otra. Nos encerramos en una caja tras otra. El *amor-conciencia* es como una habitación sin paredes. No se puede encajonar ni cerrarse, no tiene opiniones, solo una apertura constante a la evolución, un enfoque firme en la expansión del amor. Su expansión, su vibración, su alegría son infinitas y eternas.

Algunas ideologías vibran más en el *amor-conciencia*, pero si somos insistentes —«tiene que ser así»—, se vuelven opresivas. Este no es el comportamiento del amor-conciencia. El amor-conciencia no segrega, lo abarca todo, y dentro de ese abrazo se mueve con alegría hacia una vibración más elevada del amor. Lo que es inmaduro, lo que ya no sirve, lo descarta de manera natural en su constante evolución hacia una mayor conciencia, hacia la unidad. No se trata de negar las cosas que percibimos como algo negativo en el mundo —como la guerra, el hambre o la discriminación—, sino de contribuir con aquello que queremos ver más —la paz, la libertad, la aceptación—, en lugar de separarnos a nosotros mismos y centrarnos en lo que queremos eliminar.

No transformes una idea en particular en algo especial. Lo único especial, lo único importante, es la alegría del ser, esa paz, ese amor que va creciendo y moviéndose en olas, que se expande permanentemente, como el testigo silencioso de un mundo en evolución.

Con el tiempo, he encontrado que hay un núcleo común que nos mueve a todos, independientemente de toda nacionalidad o credo: el amor. Todas las religiones están de acuerdo en que Dios es amor. La forma en que se presenta esta sabiduría puede cambiar y la parafernalia alrededor de esta verdad puede ser diferente, pero la verdad central es común a todas las religiones. En los brazos de la unión podemos ver a un solo ser, un amor, sea en la monja o el ateo, el rabino o el agnóstico, porque en última instancia todo es amor. La física cuántica puede demostrar nuestra unidad a pesar de que no la puede explicar. Es la experiencia máxima, imposible de entender pero imposible de negar.

Salvar al planeta: nuestra separación del mundo

Mientras la preocupación mundial por el medio ambiente aumenta, observo cómo nos enfrentamos a este problema de la misma manera que con la mayoría de las situaciones en nuestras vidas: queremos arreglar algo que percibimos que está muy mal. Cuando esto sucede, buscamos de inmediato a un culpable, pero al hacerlo evitamos aceptar cualquier responsabilidad al respecto. ¿Cómo asumir la responsabilidad de algo como la destrucción del medio ambiente, algo que parece tan enorme y tan poco relacionado con nuestras acciones? No estoy restando importancia a los efectos positivos de hacer elecciones más ecológicas o de reducir la huella que uno deja, estoy hablando de ir hacia adentro para sanar las causas del comportamiento destructivo dentro de ti mismo.

Tenemos tantos juicios sobre lo que está sucediendo en el mundo: la destrucción de las selvas tropicales, el envenenamiento de los océanos, los derrames de petróleo, miembros de tribus que matan gorilas a cambio de dinero para sobrevivir, y la lista sigue y sigue. Obviamente nos gustaría cambiar estas cosas, pero tenemos que preguntarnos qué está en la raíz de estos comportamientos. La codicia. La carencia. La separación. Sentimos como si hiciera falta algo: recursos naturales, dinero o iniciativas para revertir el daño ecológico. Aunque estos temas parecen ser problemas nacionales e inclusive globales, este sentimiento de carencia se refleja en nuestro estado interior, en sentirnos incompletos. Si estoy insatisfecho siento necesidad. Hasta que me sienta completo esta necesidad influirá en mis acciones y mis respuestas. Lo que doy no será inclusivo, no va a ser incondicional. Sin embargo, cuando nos encontramos con la abundancia interna empezamos a transformar todo en abundancia. Si soy abundante, no me dejaré morir de hambre. Si soy abundante, no voy a quemar la selva tropical. Si soy abundante no voy a contaminar el océano. Así que me convierto en esa abundancia y como el amor-conciencia vive en unidad, a medida que se eleva afecta todos los aspectos de la dualidad. Todo se convierte en esa abundancia.

Había una vez un científico que estaba obsesionado en encontrar una manera de sanar al mundo. Desarrolló sustancias y teorías,

Ilusión 6: Soy independiente separado del resto

nuevos inventos y descubrimientos, intentando sin descanso encontrar la solución. Un día, su hijo de cuatro años entró en su laboratorio.

—¿Qué estás haciendo, papá? —preguntó. Distraídamente su padre respondió:

—Estoy tratando de encontrar una manera de sanar al mundo.
—El niño se emocionó.

—¿En serio, papá? ¿Puedo ayudarte? ¡Quiero salvar al mundo! Por favor, por favor, ¡dime qué puedo hacer!

Sonriendo ante la ingenuidad del niño, el científico arrancó una foto del mundo de una revista. La rompió en pedazos pequeños y se los dio al niño.

—Toma —dijo—, ve a arreglar eso.

El niño salió corriendo con entusiasmo y su padre volvió a sus experimentos, a sabiendas de que su hijo, que no tenía idea de cómo se veía el mundo, estaría entretenido durante horas con el rompecabezas.

Cinco minutos más tarde regresó con la imagen del mundo perfectamente armada. Su padre miró con asombro.

—¿Cómo lo lograste? ¡Ni siquiera sabes cómo se ve el mundo!

—Eso es cierto, papá —dijo el muchacho—. No sé cómo es el mundo, pero tomaste esta foto de una revista y en la parte de atrás estaba la foto de un hombre. ¡Cuando arreglé al hombre, sané al mundo!

Dejemos de señalar con el dedo y de jugar el juego de culpar. Empecemos a ir hacia adentro, y cuando algo nos moleste preguntémonos: «¿Dónde está eso dentro de mí? ¿Cómo puedo sanar esto dentro de mí?». No podemos nosotros solos cambiar el mundo, pero podemos cambiarnos a nosotros mismos y eso, mis queridos amigos, es la aventura más emocionante, desafiante e increíble que podemos emprender.

CONTEMPLACIÓN

Haz una lista de todas las personas de quienes te sientes separado; en ella puedes incluir a amigos cercanos o familiares. Trata de acercarte a ellos, explícales que deseas sanar esa separación que sientes. Sé vulnerable: di tu verdad y escucha lo que el otro siente. Normalmente, cuando hay un sentimiento de separación de un lado existe también la separación del otro. No te dejes atrapar en el juego de culpar al otro: enfócate en liberar tus sentimientos y decir tu verdad, independientemente de la reacción que el otro pueda tener. Si se siente ofendido, en lugar de reaccionar a su respuesta o tratar de defenderte, ve hacia adentro y pregúntate: «¿Cómo me siento cuando reaccionan de esa manera?». Si llevas todo hacia adentro y lo utilizas para sanar, la situación se convertirá en una oportunidad de crecimiento en vez de terminar en una discusión.

Capítulo siete

Ilusión 7: Soy un pecador y debo expiar mis pecados

Expresado en la creencia: «Soy capaz de pecar, soy capaz de cometer un error. Hay algo inherentemente malo en mí, o en un aspecto de mí».

Realidad: las conductas inconscientes o basadas en el miedo son una parte natural del ser humano, pero tenemos el poder de ir más allá de eso

Perdónalos, Padre, porque no saben lo que hacen.
Lucas 23:34.

Este es uno de mis pasajes favoritos de la Biblia. A mi modo de ver, Jesús está diciendo que no somos conscientes de nuestras acciones. Por ignorancia, elegimos comportamientos basados en el apego, el orgullo y la codicia: comportamientos sustentados en el miedo.

En realidad, el perdón del que se habla en este pasaje ya ha sido concedido: el *amor-conciencia* abarca todos los aspectos de la vida y entiende por completo las ilusiones de la inconsciencia humana. Estas ilusiones se podrían llamar «pecados», aunque no en el sentido tradicional de la palabra. El concepto convencional de lo que es pecado se refiere a una conducta mala en esencia, algo intrínsecamente malvado o impío. La iluminación no ve la maldad inherente, por lo que el concepto de pecado, como lo conocemos, no tiene sentido; sin embargo, el *amor-conciencia* abarca acciones específicas que elevan, a diferencia de los comportamientos fundamentados en el miedo.

Los comportamientos basados en el miedo se describen con claridad en los siete pecados capitales, aunque no como se interpretan tradicionalmente. En lugar de llamarlos «siete pecados capitales», creo que sería mejor llamarlos «siete aspectos del comportamiento inconsciente», ya que estos no son esencialmente malos y, alguna vez, los hemos experimentado en nuestras vidas.

Echemos un vistazo a los siete pecados capitales; veamos cómo se transforman a la luz del *amor-conciencia*.

Lujuria

El sexo es una expresión natural y alegre de la vida. Sentir pasión y atracción sexual es algo inherente a nuestra humanidad. La lujuria se transforma en una conducta adictiva cuando el sexo se convierte en un escape, una distracción obsesiva que nos mantiene alejados de nosotros mismos. Hacer el amor es compartir: se trata de dar y recibir la intimidad y la vulnerabilidad. Cuando el sexo se trata solo de tomar, de satisfacer una necesidad, se convierte en una adicción. No niegues tu deseo, pues la represión solo aumentará la presión y llegará un momento en el que no podrás ignorarlo por más tiempo. En cambio, enfócate en cultivar la plenitud interior que en realidad te completa y que es, en última instancia, mucho más satisfactoria que el placer físico fugaz. Así, tu sexualidad significará compartir tu plenitud, la cual será alegre, inocente y transparente, en lugar de llena de necesidad y desesperación.

Gula

Comer en exceso es otro hábito común que usamos para evadirnos. Hemos aprendido a usar la comida para reprimir nuestras emociones. Cuando lo hacemos, comer no se trata de alimentar nuestro cuerpo, por lo que nuestros hábitos alimenticios son inconscientes: en vez de comer lo que el cuerpo quiere, comemos lo que quiere nuestra ansiedad. La ansiedad no es el hambre; es importante tomar conciencia de la diferencia entre ambas sensaciones con el fin de sanar una relación destructiva con la comida. Cuando te encuentres abriendo el refrigerador, detente por un momento. Mira hacia adentro y escucha a tu cuerpo. ¿En realidad tienes hambre o solo estás agitado? Tómate un minuto para conectarte con lo que estás sintiendo, para conocerlo mejor. Puede que encuentres que no estás realmente hambriento, que tal vez son emociones que no te habías dado la oportunidad de identificar. Si te permites sentir, encontrarás que la ansiedad de comida comenzará a disminuir. Con el tiempo te volverás más consciente de lo que tu cuerpo quiere. Este es un gran paso para amarte a ti mismo.

Codicia

La codicia nunca está satisfecha. No importa lo que se logre, nunca es suficiente. Siempre hay algo más que adquirir. ¿Tienes el coche de tus sueños? Ahora necesitas dos. ¿Por qué estamos siempre a la espera de algo más?

La mayoría de nosotros pasamos la vida esperando. Se ha convertido en un comportamiento tan habitual que, incluso cuando las cosas que estamos esperando finalmente llegan (la promoción, el matrimonio, los hijos), no somos capaces de disfrutarlas en su totalidad, pues estamos demasiado ocupados esperando otra cosa (la jubilación, las vacaciones, el divorcio). Esto se debe a que no sabemos lo que queremos. La codicia nos dice que queremos cosas, pero, en realidad, solo queremos sentirnos satisfechos. La codicia nos dice que queremos algo que está por venir en el futuro, pero simplemente no queremos enfrentar la realidad: el aquí y el ahora. Este momento es lo único que siempre habrá. El resto es especulación e ilusión. Estamos condicionados por el refrán que dice: «Con paciencia y una caña se pesca hasta en la montaña», pero si no somos capaces de abrazar la perfección de este momento, somos incapaces de disfrutar de la vida. De hecho, no importa lo mucho que consigamos materialmente si nuestra avaricia nos mantiene encerrados en la necesidad de más, ¡nuestra riqueza no traerá más que una forma más cara de la miseria!

En mi camino como maestra espiritual he enseñado a personas de formas de vida diferentes, incluyendo a ricos y famosos. Por supuesto que ellos tienen libertad material, pero no la plenitud. Solo tenemos que mirar a nuestras celebridades para ver que la riqueza material no trae la felicidad: los incontables casos de depresión de celebridades, el abuso de sustancias y las relaciones rotas son bien conocidos por todos.

La riqueza material está sobrevalorada. No estoy diciendo que haya algo malo en ello, es solo que nunca es suficiente. Vivimos nuestras vidas como si estuviéramos en una carrera, persiguiendo la zanahoria proverbial hasta el infinito. Siempre tratamos de llegar a alguna parte, si no un lugar físico, por lo menos de carácter emocional o mental. Debajo de todo eso está el deseo de estar en cualquier otro lugar, pero no aquí.

¿Qué hay de malo en lo que tenemos ya? Cuando estamos realmente presentes nos damos cuenta de que la respuesta es: nada. Nos damos cuenta de que en realidad no estamos corriendo hacia la felicidad, sino que estamos huyendo de nosotros mismos. Pues este es el quid de la cuestión: lo que no queremos enfrentar en este momento es nuestra propia insatisfacción. El agujero en nuestro interior, la sensación de insatisfacción es lo que estamos evitando con tanta insistencia. El problema es que no importa a dónde vaya uno, ahí estará.

Podemos soñar con la paz y la tranquilidad de una isla tropical, pero al igual que Tom Hanks en la película *El náufrago*, incluso en un paraíso perfecto, tendremos que enfrentarnos a nosotros mismos, y no pasará mucho tiempo antes de que comencemos a relacionarnos con los objetos inanimados (como Wilson, la pelota de voleibol) para escapar de la monotonía.

Cuando te amas de forma incondicional la codicia se evapora en la plenitud del ser. Luego, tu apego al dinero y a lo material cambia por completo. Irónicamente, cuando esto suceda, atraerás todo en completa abundancia. Entonces tu atención ya no se centrará en la adquisición de las cosas sino en el amor. Dejar ir la codicia no significa necesariamente dejar ir las posesiones, pero tal vez encontrarás que no deseas tanto como pensabas. Tal vez solo querrás que todo sea más sencillo.

Pereza

La pereza es la falta de pasión por la vida. Es negligente y desinteresada y prefiere la comodidad a los logros, el estancamiento a la evolución. La pereza se deriva de la autoprotección, del miedo a arriesgarse. El amor nunca es perezoso. El amor es una fuente inagotable de energía que se deleita en dar y crear. La pereza toma, el amor da. La pereza es pesada, el amor es la luz. La pereza engendra más pereza: cuanto más la alimentas más quiere. Así que empieza a empujar los límites: ¡levántate de la cama y sal a correr! Si quieres sentirte diferente, tienes que hacer algo diferente.

Ira

La ira es una expresión distorsionada de la rabia. La rabia es una respuesta natural del ser humano, pero hemos llegado a juzgarla como algo malo o equivocado. Como resultado, muchos de nosotros tratamos de reprimirla, pero entonces solo se acumula en el interior hasta que finalmente estalla. La mejor manera de curar los impulsos coléricos en nosotros mismos y en el mundo es aceptando nuestra ira. Golpear o gritar en una almohada es una manera saludable de liberar la carga acumulada. Otra de mis citas favoritas de la Biblia dice: «Enojaos, pero que no se ponga el sol sobre vuestro enojo» (Efesios 4:26). Si expresamos nuestro enojo y permitimos que se convierta en amor en nuestro día a día, en lugar de suprimirlo yéndonos a dormir enojados, siempre recibiremos el nuevo día desde un lugar de alegría y optimismo.

La ira engendra ira. El personaje de Dexter, de la popular serie de televisión del mismo nombre, es un ejemplo de esto. Él se convirtió en un asesino en serie para escapar de los traumas de su propio pasado violento. En vez de ir a lo más profundo y sanar lo que estaba debajo, se convirtió en adicto al pecado que le causó la herida inicial. Del mismo modo, muchos delincuentes sexuales han sufrido abusos en sus propias vidas. Si permitimos que la rabia y el odio se acumulen dentro de nosotros, solo crearán más de lo mismo y, a menudo, terminaremos desarrollando ese mismo comportamiento.

Envidia

Envidiar es querer lo que no se tiene, compararse con los demás colocándose a uno mismo como una víctima, como «menos que» alguien más. Es lo contrario de abrazarse a uno mismo en su perfección propia y única. La cura para la envidia es el amor a uno mismo. En lugar de «codiciar a la mujer de tu prójimo», encuentra el placer de lo que la vida te ha puesto enfrente. Abraza tu realidad en lugar de estar constantemente comparándola con una que percibes como mejor; celebra la grandeza de lo que eres: ese brillo tan único que solo tú puedes llevar al mundo.

Orgullo

Invertimos una gran cantidad de energía en la forma en que somos vistos por el mundo. El orgullo es esta presentación, es el falso «yo» que presentamos a quienes nos rodean. Cuando nos sentimos orgullosos, cerramos la puerta a la vulnerabilidad y a la inocencia, estamos demasiado interesados en presentar una imagen al mundo y no permitir que nuestro verdadero yo irradie su brillo. Como dice la Biblia, «el orgullo precede a la caída», porque el orgullo es frágil, depende de la opinión externa, la cual conduce a la decepción. Nos lleva a aferrarnos a lo que pensamos que somos, en lugar de conectarnos con nuestro verdadero ser. El orgullo proviene de identificarnos con la historia que hemos creado acerca de nosotros mismos. En la novela de Charles Dickens, *Casa desolada*, lady Dedlock prefiere morir antes que quitarse la máscara de la buena reputación que se ha creado, en defensa de su orgullo y el de su esposo. Muchas personas en la vida real caen en la misma trampa. El orgullo nos hace rígidos pues debemos ajustarnos a las normas que nos hemos fijado. Este sentimiento nos cierra las puertas a la posibilidad de ampliar los horizontes y a nuevas ideas. Nos impide abrazar las partes frágiles de nuestra experiencia humana por miedo a perder el control.

El orgullo hace que la gente cometa atrocidades. En el pasado, ¿cuántas familias desheredaron a sus hijos amados por orgullo, porque habían elegido una pareja inadecuada, de una religión o clase social diferente? ¿Cuántos guantes se han echado en duelo y cuántas vidas se han perdido en la defensa del orgullo?

Una de las mejores formas de romper el orgullo es permitirse verse en ridículo. ¡No te tomes tan en serio! Déjate ver vulnerable frente a los demás y ve cómo te hace sentir. Al hacer esto compartirás más de ti con aquellos que te rodean y también te conocerás más.

Culpable de la acusación

¿En algún momento de tu vida no te has comportado de manera inconsciente, o al menos has deseado comportarte como se ha descrito líneas arriba? Lo curioso es que estos llamados pecados en realidad te llevarán al «infierno», a tu propio infierno personal, aquí en la tierra, porque te sientes tan culpable que te pierdes el momento presente, pierdes el amor y la capacidad de dar, tan encerrado como estás en tu culpabilidad.

La culpa es el pegamento que nos mantiene atorados en el pasado, unidos a las decisiones que tanto lamentamos. Nos torturamos hasta que la vida se convierte en un círculo vicioso de conductas repetitivas.

La culpa es una forma de autoflagelación que no perjudica a nadie más que a nosotros mismos. Dar es el antídoto de la culpa. Nos saca de nuestra obsesión introvertida de lo que está mal con nosotros.

No puedes ganar nada albergando culpas. En lugar de revolcarte en el lamento, usa la sabiduría que has ganado de tus experiencias pasadas para tomar nuevas decisiones en este momento, para redefinir quién quieres ser hoy.

No te juzgues por tus comportamientos inconscientes. Sé el perdón del Padre, porque no sabías lo que hacías. Elige ser consciente ahora. Date cuenta de que, en última instancia, nunca hubo nada que perdonar, porque nunca hiciste nada malo.

> ¿Qué elijo en este momento?

Libérate de la adicción

Estos *siete aspectos de la conducta inconsciente* son las manifestaciones de la separación de uno mismo, que nos conducen a un comportamiento adictivo. Cuando hablamos de adicción solemos pensar en las drogas o en el alcoholismo. Muchos pensamos que no somos adictos a nada, pero la sociedad moderna en general está llena de conductas adictivas. Todo lo que utilizamos para alejarnos de nosotros mismos es una forma de adicción. De hecho, todas las adicciones surgen de la necesidad de distraernos de lo que estamos sintiendo para aliviar el dolor, el vacío, la desilusión. Tal vez usamos la televisión o el Internet para escapar de nosotros mismos. Tal vez abrimos el refrigerador o encendemos un cigarrillo cada vez que nos sentimos ansiosos. La forma de la adicción puede variar según el nivel de obsesión que rodea el comportamiento, pero todas las adicciones tienen sus raíces en un sentimiento de descontento interno.

El amor a uno mismo es la única manera de sanar de forma permanente el comportamiento adictivo. Llegar a amarte incondicionalmente puede terminar con esa conducta adictiva, aunque en poco tiempo la sustituirás con otra. Por ejemplo, ¿cuántos exfumadores rápidamente aumentan de peso porque comienzan a comer de forma compulsiva para reemplazar el hábito de fumar? Cortar la forma externa de un hábito no es la solución, pues volverá a repetirse pronto. Si quieres ser libre de la adicción, sana la raíz. Ve hacia adentro y llena ese vacío con amor. Entonces, tus adicciones se terminarán por sí mismas, porque no habrá ningún vacío para que ellas lo llenen.

El poder de la vulnerabilidad y el amor a uno mismo

Como adultos, la mayoría de nosotros no sabemos lo que significa amarse a uno mismo. «Tienes que amarte a ti mismo» se ha convertido en una frase corriente, un comentario inteligente para hacer en las reuniones, pero más allá de una vaga idea sobre tener confianza en uno mismo sigue siendo un concepto abstracto. Muchas personas que aparentan confiar mucho en el mundo no se aman en lo absoluto. Yo lo sé pues yo era una de ellas. Para el mundo a mi alrededor siempre aparentaba ser extrovertida, entretenida y encantadora, pero estas cualidades se habían convertido en la máscara con la que ocultaba mis inseguridades para que nadie las notara.

El amor propio empieza con la autoaceptación. Para amarte a ti mismo debes abrazar las partes de ti que rechazas: el resentimiento, los celos, la rabia, la vergüenza. Podrás liberarte de esos sentimientos amando esas partes de ti mismo. La verdadera fuerza vendrá solo cuando descubras el poder de la vulnerabilidad: la cualidad indispensable que establecen una comunicación fluida y transparente en todas nuestras relaciones humanas. La vulnerabilidad es algo que la mayoría de nosotros evitamos a toda costa. Es lo último que quisiéramos experimentar y ciertamente ¡no es algo que busquemos afanosamente! La sociedad nos dice que ser vulnerable es ser débil, pero es todo lo contrario. Hay un gran poder que se encuentra en la vulnerabilidad: el poder de la verdad. Cuando somos vulnerables, estamos siendo reales. Nos estamos mostrando exactamente como somos. La vulnerabilidad nos permite aceptar lo que es, y en esta aceptación podemos ser más amor y sanarnos a nosotros mismos con la fuerza de nuestro ser.

A menudo, las parejas que visitan nuestro centro de retiro en Uruguay llegan al borde del divorcio. Por lo general, se han estado ocultando secretos y no expresan lo que sienten, transigen con el fin de complacer. En muchas ocasiones han sido infieles y todo esto ha creado tanto resentimiento que parece que el amor se ha drenado por completo de lo que antes era una relación mutua de amor pleno. Lo interesante para mí es que cuando empiezan a expresar todos sus juicios, a «sacar los esqueletos del clóset» —todas las pequeñas infidelidades, las mentiritas y engaños—, tras el *shock* inicial y la comprensión de que ambos en la pareja están experimentando la misma desilusión, el amor que estuvo presente cuando se unieron por primera vez empieza a resurgir. Esta es la magia de la vulnerabilidad. No se puede entender hasta que lo pruebas por ti mismo.

La vulnerabilidad y la emoción son el lenguaje del corazón. Cuando soy vulnerable mi corazón está abierto para dar y recibir. No se oculta detrás de la falsedad de las máscaras o el engaño. Cuando te atreves a ser vulnerable vas más allá de tu zona de confort, entras en lo desconocido. Sueltas el control, enfrentas el miedo al rechazo y pones tu propia verdad por encima de la necesidad de complacer a los demás. La vulnerabilidad es el acto de amor a uno mismo más elevado, la clave para liberarse de la codependencia y de la muleta débil que es

Ilusión 7: Soy un pecador y debo expiar mis pecados

la aprobación externa. Haz la prueba. Tal vez descubras la belleza singular que se encuentra en las partes de ti mismo que habías aprendido a evitar.

Cuando comencé a permitirme ser vulnerable me sorprendió lo que encontré. Siempre había sido una mujer muy fuerte, con todo bajo control, por lo que me sorprendió encontrar dentro de mí a una niña necesitada, abandonada, con miedo, desilusionada e insegura. Llegué a amarla tal como era y solo entonces surgió por fin mi grandeza. Esto es válido para todos nosotros.

Tenemos que amar a ese niño interior que se esconde detrás de las máscaras de la personalidad con el fin de proteger su fragilidad. A la luz del amor se transformará en más amor, como todo lo que hace el abrazo de la aceptación. No tengas miedo de sentir ni de liberar lo que has ocultado o negado: se requiere mucho más esfuerzo para ignorar los aspectos internos que reclaman nuestra atención del que se necesita para darles amor incondicional.

Si rechazas o alejas algún aspecto de ti mismo solo se hace más grande. Tienes que aceptarlo: es una parte tuya y no puedes negarla para siempre. No lo transformes en algo malo o incorrecto. Abrázalo con honestidad y aceptación.

Una de las cosas que más juzgaba en mí era mi miedo al abandono. Este sentimiento estuvo presente en todas mis relaciones, como una preocupación oculta que solía enmascarar con una fingida indiferencia, el legado de mi adopción infantil. Debajo de mi indiferencia aparente, secretamente hacía todo lo posible para que mi miedo no se convirtiera en una realidad. Escondía este comportamiento de mi pareja, aterrorizada de que si veía mi necesidad le parecería frágil y poco atractiva. Yo juzgaba este comportamiento en los otros como débil e indeseable, y sentía rechazo hacia las personas que mostraban estas características.

Repetí esta dinámica muchas veces en mi vida, hasta que me separé de mi última relación, donde el miedo a la pérdida y el abandono habían llegado a tal extremo que no pude soportarlo más. Finalmente entendí que mi seguridad no podía basarse en lo externo, que tenía que cultivar una experiencia interna de amor-conciencia y encontrar la estabilidad dentro de mí.

Así que mi propio sufrimiento me llevó a transformar estos aspectos en una nueva percepción de la vida. Cuando ya me había cansado de sufrir, tomé una nueva decisión.

No fue sino hasta que abracé la parte necesitada de mí misma cuando fui capaz de aceptar eso en aquellos que me rodeaban. Al abrazar nuestra propia humanidad podemos encontrar la belleza en todos los aspectos de la expresión humana.

Cuando encontré el valor para ver todo en mí, sin ignorar ni negar ningún aspecto, supe que no había nada malo. Me hice amiga de mis celos, mi violencia, mi capacidad de hacer muchas cosas basadas en el miedo, cosas que anteriormente había juzgado con dureza en otros. Cuando abracé todo lo que había suprimido, ¿qué pasó? Se transformó en amor, porque siempre había sido el amor, solo que yo tenía miedo. Yo quería que alguien asumiera la responsabilidad de amarme, en vez de hacerlo yo misma.

Los extremos del autorrechazo también juegan en el escenario mundial. En algunos, el miedo es tan grande que los lleva a la violencia, mientras que otros matan por miedo a perder a sus seres queridos. Sin embargo, si aprendemos a abrazar todos los aspectos de nosotros mismos, nuestro sufrimiento y nuestra violencia se disuelven en la frecuencia del amor. Di que sí a tu ser interior. Ámate a ti mismo, abrázate en el amor incondicional y el mundo hará lo mismo.

En los últimos años el trabajo de mi fundación me ha llevado a varias prisiones en toda América Latina. Una de las cosas que me ha afectado en mayor medida durante estas visitas es el sincero deseo de transformación en muchos de los internos. Los he oído decir que ahora se dan cuenta de que nunca fueron libres, incluso antes de la vida en prisión, y que ahora están comenzando a descubrir una libertad interior que ninguna pared puede contener.

Una historia en particular se destaca con claridad en mi memoria. Un preso que participaba en nuestros programas nos dijo que nadie había ido a visitarlo en los quince años que había estado en la cárcel. Se había sentido abandonado, rechazado y olvidado como un marginado, y durante años había albergado un resentimiento silencioso hacia sus amigos y familiares. Llegó a culparlos a ellos y a su indiferencia por su baja autoestima y abatimiento.

Siguiendo las directrices de nuestro programa, empezó a ir hacia adentro. Comenzó a aceptar la responsabilidad de su propio estado interno y se dio cuenta de que se sentía resentido y desanimado, no porque sus seres queridos no lo visitaran, sino porque no se amaba a sí mismo. Este fue un logro tremendo para él, pues dejó de culpar al exterior y empezó a aceptar la responsabilidad de su cambio interior. Si él pudo hacer eso, estando en la cárcel, ¿qué te impide a ti hacer lo mismo?

CONTEMPLACIÓN

¿Has manifestado cualquiera de las conductas basadas en el miedo, conocidas como los siete pecados capitales?

¿Cuáles son los más propensos para ti?

¿Has cargado la culpa como resultado de ello?

¿Dónde evitas ser real en tus relaciones personales?

A menudo tenemos más dificultad para ser honestos con los que están más cerca de nosotros. Observa los lugares donde te escondes cuando te alejas en los momentos de intimidad y emoción. Trata de hacer lo contrario de lo que normalmente harías: intenta desafiar los límites que te has impuesto a ti mismo. Comenzarás a encontrar nuevas facetas de la vida y descubrirás lugares nuevos.

Capítulo ocho

Ilusión 8: Puedo y debo controlar mi mundo

Expresada en la creencia:
«¡Si me esfuerzo lo suficiente puedo tomar el control
de mi mundo y eso es muy bueno!».

Realidad: el amor-conciencia significa rendirse y entregarse a lo que es

Vivimos en un mundo que está cambiando constantemente. Los últimos desastres naturales han hecho que tales cambios sean cada vez más evidentes, un recordatorio intenso de lo imprevisible de nuestro entorno. Una reciente catástrofe que me tocó y me afligió fue el terremoto de 2010 en Chile. Las vidas de muchos de mis amigos y estudiantes se vieron afectados por él. Había incluso un grupo de chilenos que tuvieron que quedarse en nuestro centro en Uruguay, sin poder regresar a casa hasta que se reanudaron los vuelos a Santiago. Ni siquiera podían comunicarse con sus familias, pues todo el país estuvo incomunicado durante muchas horas.

Cuando nos enfrentamos a una catástrofe, una profunda sensación de vulnerabilidad nos deja expuestos y sin respuestas. Impresionados por el horror de las imágenes en los medios de comunicación, recordamos una vez más lo transitorio que es todo en la vida; nos damos cuenta de la inutilidad de la carrera por las ganancias materiales que solo proporcionan la ilusión de seguridad, seguridad que puede desaparecer en un momento. Recordamos que no podemos controlar incluso la cosa más importante y fundamental en nuestras vidas: el suelo bajo nuestros pies. Así que estamos envueltos en una sensación de fragilidad extrema.

En estas situaciones, en las que muchos sufren el desastre y la devastación, escuchamos historias sobre el surgimiento de un sinnúmero de héroes anónimos, movidos por el amor en un dar sin cesar, hasta el punto de arriesgar su propia seguridad. Los héroes que, más allá del género, clase o credo salen a las calles y dan; que, movilizados por la fuerza del amor, simplemente comparten, consuelan a los perdidos y heridos y abrazan a los que tienen pánico y a los afligidos.

En momentos como estos lo único que es real es el amor, el cual nos une en la acción sin límites y nos ayuda a resolver disputas y conflictos del pasado, olvidándolos por un instante sagrado. En estos momentos estamos, simplemente somos, unidos en el amor. El *amor-conciencia* está detrás de esta entrega incansable. En estas acciones altruistas podemos ver que la conciencia de la humanidad va en aumento, que el apoyo llega cada vez más rápido en respuesta a situaciones extremas. Vemos cómo el amor prevalece sobre el dolor y el miedo, siempre presente, con una multitud de caras y expresiones, pero que, en esencia, es siempre amor.

En esos momentos de desastre lo más importante es unirse en la presencia, fuerza y el amor de cada uno. Aunque no podemos entender por qué suceden estas cosas y tenemos miedo, podemos hallar consuelo al recordar que dentro de todos nosotros se encuentra un lugar inmutable de paz y amor que nunca se irá.

Cuando lo externo se vuelve muy inestable, si nuestra atención se dirige hacia el interior, podemos reconocer que nuestras diferencias no importan, que dentro de cada uno de nosotros vibra un sí a la vida, un sí a avanzar, un sí a ir más allá de lo que se haya perdido. Incluso si nos sentimos extraviados podemos poner nuestra atención en nuestros corazones. *Siente latir tu corazón, siente su tibieza.* Dentro de él podemos descubrir que el *amor-conciencia* es inagotable, sin límites, y cuanto más da, más tiene para compartir. Este es el momento, este es el abrazo compartido.

Es hora de transformarnos mediante las acciones del amor. Luego nos daremos cuenta de que todo lo que sucede es para la evolución. Aprendamos a danzar frente a la devastación, en medio de las dificultades, frente a lo que la vida nos trae. Aún más importante, vamos a aprender a ver a través de la ilusión del control, para reconocer que la vida en realidad no tiene garantías, y abrazar la naturaleza impredecible de la existencia en lugar de tratar de domesticar en vano el poder indomable del mundo.

Fluir con la corriente

Ayer saqué a volar a mi halcón hembra. Verla precipitarse hacia mí en un cielo pintado por los colores del atardecer fue como un sueño. Sat es un halcón Harris, majestuosa y fuerte. Como yo la he criado y entrenado muy amorosamente, ella viene hacia mí cuando la llamo, pues yo soy su fuente de alimento y protección. La dejo ir y luego le silbo para que vuelva. Ayer, cuando estaba a punto de iniciar su vuelo de regreso a mi guante, un fuerte viento se interpuso entre nosotras. Tenía hambre, quería volar hacia el guante, pero el viento era muy fuerte. Entonces vi cómo Sat planeaba en el aire: su atención no se apartaba del guante. El viento la llevó hacia la derecha en dirección opuesta, pero para mi sorpresa ella no luchó contra él. Se dejó ir con el viento. Nunca perdió de vista su objetivo, aunque no estaba apegada a la forma en la que iba a llegar a él. Ella estaba fluyendo. Se elevó con majestuosidad con la corriente de aire y viajó sobre la brisa siempre cambiante. Esperó tranquilamente a que el viento cambiara y, cuando lo hizo, volvió a mí y reclamó su premio.

Esta escena me pareció una perfecta ilustración de la sabiduría de la naturaleza. La naturaleza fluye. Como seres humanos hemos perdido esta capacidad. Nos aferramos a la idea de lo que queremos, y luchamos contra la corriente de la vida, porque nuestras ideas son tan rígidas que no estamos dispuestos a dejarlas ir. No es de extrañar que no gocemos de un estado de alegría o de paz, porque siempre estamos luchando en contra de nuestra realidad.

Todos tenemos alas, pero si luchamos contra el viento no podemos volar. No podremos experimentar la verdadera magnitud de lo que somos. Todos tenemos un potencial ilimitado, pero cuando tratamos de controlar, de aferrarnos a nuestras ideas sobre cómo queremos que las cosas sean, no podemos experimentar la vida en su plenitud.

Cuando empezamos a basar nuestra seguridad y bienestar en nuestro estado interior, nuestra dependencia de las arenas movedizas de lo externo comienza a disminuir. La necesidad de controlar acaba. Esta es la verdadera libertad, porque si dependemos de lo que no podemos controlar y que cambia constantemente (lo externo), entonces, ¿cómo podemos sentirnos libres? Seremos esclavos de las cosas y las personas que nos rodean siempre que nuestra estabilidad dependa de ellas. Sin embargo, si aprendemos a cultivar la plenitud interior podremos disfrutar del mundo en que vivimos sin el temor de la pérdida ni la necesidad de control. Esto nos permite dejar finalmente de lado nuestra necesidad constante de preocupación y planificación.

La vida es una experiencia. Eso es todo lo que es. Abraza tu experiencia humana en todos sus colores, en todas sus complejidades, en su constante cambio de corrientes. Cuanto más podamos fluir, más elegiremos la alegría que está presente en cada momento y mayor será tu poder creativo. Elige el amor y encuentra en ti mismo la verdadera majestuosidad.

Cómo entregarte al sueño

Un resultado común del control excesivo es el insomnio. El insomnio es causado por nuestra incapacidad para desconectarnos. Pasamos tanto tiempo preocupándonos y tratando de controlar el mundo que nos rodea que parece imposible parar. Seguramente te has dado cuenta de esto cuando estás de vacaciones: puedes estar en una playa paradisiaca o disfrutando de una impresionante vista panorámica en la cima de una montaña, pero la mente sigue dando vueltas. Es imposible desconectarnos y solo estar, disfrutando a plenitud del gusto de la vida tal como es ahora.

Nos hemos acostumbrado tanto a la planificación, la preocupación, organizando y controlando, que nos hemos olvidado de cómo dar un paso atrás y solo ser en este momento. Cuando vamos a la cama por la noche nos encontramos con que la mente continúa. El cuerpo quiere descansar, pero el intelecto está fuera de control, corriendo una carrera consigo mismo, perdido en un permanente estado de distracción y preocupación.

Así como hemos desarrollado el hábito de la distracción constante, podemos desarrollar uno nuevo: el hábito de estar presentes, de enfocarnos en la belleza de ese momento. Al principio parece difícil, pero esto es solo porque hemos pasado mucho tiempo haciendo lo contrario. Si comenzamos a ejercitar el hábito de traer nuestra atención a este momento, los resultados pronto empezarán a mostrarse. Si aprendemos a llevarnos al momento presente, cuando nos acostemos al final del día, tal vez nos encontremos con que el sueño llegará sin ninguna dificultad.

El sueño es un momento en que estamos solos con nosotros mismos. Vamos a aprender a disfrutar de nuestra propia compañía, en lugar de evitar mirar hacia adentro a toda costa. Esto hará que el sueño sea más agradable y, sin duda, más fácil de alcanzar.

Es importante no apegarse a la idea de dormir. Si nos obsesionamos con la idea de que necesitamos dormir, puede hacer que nos agitemos y el sueño se aleje aún más. La idea de que las cosas deben ser de cierta manera, diferentes de cómo son, es lo que nos impide relajarnos para abrazar la situación. Si no podemos hacer eso, con seguridad no seremos capaces de entregarnos en los brazos del sueño.

En los últimos años he tenido el placer de trabajar con una de las actrices más legendarias de América del Sur. Prácticamente todo el mundo conoce su belleza y talento, pero no muchos saben que ha padecido de insomnio severo desde los 13 años de edad. En un primer momento, a pesar de ser una mujer profundamente espiritual, dudaba un poco de que algo tan simple como el Sistema Isha de alguna manera pudiera cambiar su vida. Pero para su sorpresa se resolvió el insomnio que había afectado casi toda su vida. Tiempo después me contó que antes de aprender el sistema solía comenzar sus días de filmación llorando por la falta de sueño. Ahora puede enfrentarse a su trabajo diario con una alegría renovada, gracias al poder restaurador de algo que tan a menudo damos por sentado: una noche de sueño reparador.

Ha sido fenomenal para mí ver con qué rapidez las personas sanan de insomnio con la práctica de las facetas que enseño. Las facetas están diseñadas para afianzar nuestra conciencia en el momento presente y hacer un hábito de ello, en lugar de algo que debe recordarse de vez en cuando. Yo llamo a esto «la estabilización de la conciencia»: cuando estamos anclados permanentemente en nuestra conciencia, en la paz y estabilidad que yacen dentro, independientemente de lo que puede estar ocurriendo en nuestro entorno.

Perder el control

Había una vez un gran río que desde sus humildes comienzos como un arroyo de montaña soñaba con llegar al mar. Atravesó bosques y cañones en su viaje; llanuras y quebradas, hasta que un día llegó al desierto. Tal como se había trasladado a través de todos los demás obstáculos, el río trató de moverse por el desierto, pero quedó consternado al ver que sus aguas se disolvían al tocar la arena hirviente.

El río estaba convencido, sin embargo, de que su destino era llegar al mar, por lo que intentó con todas sus fuerzas cruzar las arenas. Sin embargo, fue una tarea imposible, no importaba lo mucho que lo intentara, el río no lograba vencer al desierto.

Cuando finalmente había renunciado a toda esperanza, una voz le susurró en el desierto:

—Así como el viento cruza el desierto, también el río podrá.

El río objetó, quejándose de que sus aguas fueron absorbidas por la arena sin importar lo mucho que lo intentara, que el viento era capaz de cruzar ya que podía volar.

—Golpeándote violentamente contra mí no te ayudará a cruzar —le dijo el desierto—. Vas a desaparecer por completo, o te convertirás en un pantano. Debes permitir que el viento te lleve a tu destino. Debes ser absorbido por el viento.

Esta idea era inaceptable para el río. Después de todo, él nunca había sido absorbido antes. No quería perder su individualidad. Y si lo hacía, ¿alguna vez la recuperaría?

—El viento —dijo la voz—, llevará tu agua a través del desierto y luego la dejará caer. Con la caída de la lluvia, tu agua se convertirá en un río una vez más.

—¿Cómo puedo saber que es verdad?

—Simplemente es, y si no confías en él estás destinado a convertirte en un pantano... y un pantano ciertamente no es lo mismo que un río.

—Pero ¿no puedo seguir siendo el mismo río que ahora soy?

—No puedes permanecer como estás, bajo ninguna circunstancia —continuó la voz—. Tu esencia será transportada y se formará un río nuevamente. Tú te llamas «río», ya que no sabes cuál es tu esencia.

Al oír esto, un eco lejano comenzó a llamar desde más allá de los pensamientos al río. Vagamente recordó un estado en el que el río, o parte de él —¿qué parte pudo haber sido?— fue llevado en brazos del viento. También recordó —¿o fue solo su imaginación?— que esto era realmente lo que debía hacer, aunque no le pareciera así.

Así fue que el río le dio sus aguas a los acogedores brazos del viento, que lo levantó suavemente a lo alto del cielo, batiendo distancias, para finalmente dejarlo caer, como lluvia, en el mar.

> Cuando entregas
> tu individualidad,
> te conviertes
> en la totalidad.

CONTEMPLACIÓN

¿En qué áreas de tu vida tratas de controlar demasiado las cosas?
¿Tratas habitualmente de controlar a tu pareja?

La necesidad de controlar viene del miedo, no del amor. Si en realidad amas a tu pareja, déjala ser. Presta más atención a ti mismo y aprende a amar la manera en que tu pareja hace lo suyo, en lugar de comportarse exactamente como lo harías tú.

¿Intentas manejar tu agenda de forma exagerada
y luego te presionas cuando las circunstancias no cooperan
y tienes menos tiempo de lo que esperabas?

La organización es una buena cosa —yo misma soy una persona muy organizada—, pero hay que reconocer que hay cosas que no puedes cambiar, por ello no te agites cuando no salen a tu manera. La eficiencia proviene de la capacidad de fluir, no de golpearse la cabeza contra una pared que se niega a ceder.

> ¿Fijas metas para ti mismo y luego elaboras expectativas acerca de cómo quieres que las cosas salgan?

Las expectativas son las condiciones que pones al mundo, las ideas rígidas sobre cómo deberían ser las cosas. Entonces, cuando las cosas no salen como esperábamos, experimentamos decepción y frustración. Deja de lado tus expectativas. Trabaja para alcanzar tus metas e internamente entrégate a lo que es.

Capítulo nueve

Ilusión 9: Está bien ignorar los sentimientos desagradables

Expresada en la creencia: «Si ignoro las cosas que no me gustan, van a desaparecer».

Realidad: para evolucionar tengo que enfrentar mis emociones y abrazar mis miedos

Durante mi reciente viaje a Holanda me fascinó conocer cómo los ingenieros holandeses habían empleado técnicas notables para recuperar áreas enormes del mar. El país en sí es un triunfo del ingenio humano.

Sorprendentemente, algunos de los diques que contienen el agua fueron construidos de arena. Uno se imagina que se construirían de acero y concreto con el fin de resistir la fuerza del océano, pero los ingenieros entendieron que el mar es demasiado poderoso como para luchar contra él, así que, en vez de tratar de bloquearlo, permitieron que se filtrara por medio de los diques. Me quedé sorprendida al enterarme de que, al filtrarse el agua por los diques, la sal era eliminada y del otro lado el agua era dulce.

Esto me pareció una maravillosa analogía para el proceso de sanación. Si nos resistimos a nuestros miedos y emociones acumuladas, su fuerza puede destruirnos: la presión se acumula hasta que no puede detenerse más y estalla en furia, en violencia, o en desesperación, o incluso se manifiesta como enfermedad física. Sin embargo, si permitimos que nuestras emociones fluyan a través nuestro, se tornan dulces; así como el agua salada se purifica, nuestras emociones acumuladas desembocan en un río de amor. Es por abrazar y aceptar, fluyendo con las fuerzas dentro de nosotros, como nos encontramos con la armonía.

¿Evitas tus emociones?

Las emociones son una parte natural de la vida humana. Si estamos trabajando para lograr una relación sana con nosotros mismos es esencial que aprendamos a aceptarlas. La mayoría de nosotros aprendemos desde muy temprana edad que ciertas emociones son «malas» o inadecuadas. Por ejemplo, tal vez alguien nos dijo que no lloráramos o que nunca nos enojáramos.

Al negar estos sentimientos no nos libramos de ellos. Cuando una emoción se ignora se estanca dentro de nosotros y aumenta la carga acumulada de los sentimientos reprimidos. Con el tiempo, estas emociones se distorsionan: la ira se convierte en odio o resentimiento, y al final estalla en ataques de cólera y violencia. La tristeza se convierte en depresión.

Solo tenemos que mirar a un niño para ver cómo son las emociones naturales. Los niños se enojan y se entristecen con una facilidad espontánea; sin embargo, tienen una capacidad innata para encontrar la alegría y el entretenimiento en todas partes. El mundo para ellos es un lugar mágico: donde los adultos solo encuentran aburrimiento, ellos son capaces de descubrir asombro. Esto es precisamente porque ellos no niegan ningún aspecto de su espectro emocional. Abrazan todos sus matices, sin juzgarlos, como parte natural de la experiencia humana. Como resultado, cuando la rabia llega, es intensa pero de corta duración. Cinco minutos más tarde se han olvidado por completo de lo que los enojó y están absortos en la emoción de un nuevo momento, del próximo descubrimiento.

A veces, cuando estamos en el camino espiritual, aplicamos los mismos «deberías» y «no deberías» de la infancia a nuestro proceso de crecimiento: tratamos de encasillarnos en una imagen del «buen niño o niña», una imagen que no está tan lejos de las expectativas puestas en nosotros por nuestros padres y la sociedad. La búsqueda del amor incondicional se convierte en una forma de *comportarse*: tratamos de emular las acciones de amor y compasión sin antes *convertirnos* en esas experiencias. Esto a la larga conduce a más resentimiento y frustración, porque ¿cómo puedes abrazar a otro en su perfección si aún te ves a ti mismo como imperfecto? ¿Cómo puedes ser compasivo si no te conoces a ti mismo? En nuestro intento por liberarnos de los confines de las limitaciones del pasado, saltamos a una caja nueva y a veces, incluso, más rígida que la anterior.

Con el fin de experimentar nuestra divinidad primero tenemos que abrazar nuestra humanidad. Con el fin de amar incondicionalmente primero debemos descubrir nuestra propia perfección. Abraza tu ira, abraza tu tristeza: no es mediante la negación como te liberarás de ellas, sino por medio de la aceptación. Al permitirte sentir la carga acumulada de tus emociones liberarás espacio en tu interior. Espacio para ser, espacio para amar, espacio para descubrir lo que eres en realidad.

Dejar ir los resentimientos

El resentimiento se acumula cuando no somos auténticos con las personas que nos rodean. Lo que callamos crea resentimiento: las pequeñas cosas se van acumulando hasta que un día el más mínimo evento causa una reacción explosiva. Trata de incorporar los siguientes hábitos en tu vida para liberarte del resentimiento.

Di lo que sientes en el momento

Decir lo que pensamos es una de las cosas más difíciles para nosotros. Decirle a la gente —en especial a las personas que amamos y admiramos— que estamos molestos con ella es a menudo muy difícil. La razón de que sea tan difícil es que tenemos miedo al rechazo, a perder su aprobación y, en última instancia, a perder su amor. Sin embargo, cuando no decimos lo que sentimos vamos guardando en nuestro interior la irritación momentánea o el conflicto que generaron sus acciones, añadiendo esto a la colección de molestias similares que habíamos reprimido a lo largo de la relación. Estas emociones se convierten en una barrera energética que impide que el amor que sentimos fluya con libertad. Cada vez que vemos a la persona recordamos inconscientemente esos momentos que nos molestaron y, por lo tanto, en lugar de estar presentes abrazando a la persona como es en ese momento, nos enfocamos en lo que está mal. La espontaneidad de la relación se fue.

Si fingimos ser agradables y amables, nuestras interacciones se convertirán en una actuación en donde el amor verdadero es difícil de encontrar. Por otro lado, cuando nos decidimos a enfrentar el miedo al rechazo y decir lo que sentimos, algo increíble sucede. Nuestra transparencia nos hace libres, lo que nos permite liberar los juicios y las emociones que hemos acumulado con el tiempo y dejar ir el resentimiento. Podemos volver entonces a experimentar la apreciación y la inocencia que la relación alguna vez tuvo.

Muchas parejas se distancian con el tiempo debido a este patrón: por miedo a perder el uno al otro ocultan lo que en serio sienten. ¿El resultado? Dos personas que están físicamente cerca, pero al mismo tiempo distanciadas por dentro.

Desarrollar una relación amorosa contigo mismo

Durante la mayor parte de nuestras vidas transigimos y nos abandonamos a nosotros mismos para hacer lo que otros quieren —lo que nuestros padres quieren, lo que nuestra pareja quiere, lo que la sociedad quiere—, con la finalidad de ser aceptados y amados. Ahora estamos haciendo una nueva elección, una opción superior para empezar a amarnos a nosotros mismos de manera incondicional y aceptarnos tal como somos.

La necesidad de recibir la aprobación de nuestros seres queridos, la necesidad de controlar y manipular la opinión que tienen de nosotros, viene de nuestra propia necesidad de aceptación y amor. Solo cuando hemos perdido la capacidad de aceptarnos a nosotros mismos es que empezamos a preocuparnos por lo que otros piensan, escondiéndonos y amoldándonos para poder ser lo «suficientemente buenos». Con el fin de cambiar esta situación tenemos que ir hacia adentro y empezar a encontrarnos a nosotros mismos.

Escúchate a ti mismo. No te preocupes por lo que espera el exterior de ti. Escucha la voz de tu propio corazón: esto hará que sea más fácil para ti decir lo que sientes y dejar de lado la necesidad de aprobación externa.

Siente tus emociones

A fin de liberar la carga de resentimiento acumulada, permítete sentir. Siente el enojo, siente la tristeza. Cuando lo hagas encontrarás que el resentimiento y la amargura de los acontecimientos del pasado empiezan a irse y que eres capaz de recuperar la magia y la maravillosa inocencia de la infancia.

Supera la timidez y la inseguridad

Cuando la timidez eclipsa nuestros talentos, perdemos la oportunidad de crecer y avanzar. Nos quedamos atrapados en un círculo vicioso de inseguridad y frustración.

La timidez está a menudo enmascarada como falta de interés o indiferencia, pero su raíz es mucho más profunda. Si nos internamos en el sentimiento de timidez descubriremos puro miedo, el miedo de lo que los demás puedan pensar de nosotros, el miedo a la desaprobación.

Con el fin de liberarnos de la timidez, la única cosa que tenemos que hacer es encontrar seguridad dentro de nosotros para llegar al punto donde lo que pensamos de nosotros mismos se vuelva más importante que cualquier opinión externa. La timidez es alimentada por los pensamientos de autocrítica. A menudo, estos pensamientos nos han sido inculcados por una figura autoritaria o de peso en nuestro pasado, que nos hizo sentir disminuidos. A veces, un evento traumático o impactante de nuestro pasado ha dejado su marca, paralizando nuestra expresión natural y sustituyéndola por el miedo a sobresalir y un sentimiento interno de insuficiencia. Independientemente del origen, lo que importa es que cuando la timidez se active, en lugar de tener las mismas reacciones defensivas de siempre, escuches a tu corazón y bucees profundamente, más allá del miedo, permitiendo que tus talentos naturales irradien su brillo.

Durante los años que canté profesionalmente enfrenté problemas con el alcohol. Yo era tan tímida que bebía para ahogar mi inseguridad. Estaba aterrorizada por lo que la gente podía pensar de mí. Beber me hacía sentir valiente. La única cosa que yo no podía hacer era cantar alcoholizada, porque no podía alcanzar las notas correctas. Así que la primera vez que me subí a un escenario sobria, temblaba. ¡Tenía tanto miedo que me puse detrás del guitarrista! La primera canción que canté fue *I Fall To Pieces*, de Patsy Cline. Ninguna otra frase podría haber descrito mejor mi estado emocional en ese momento.

Estaba, literalmente, cayéndome a pedazos y, por supuesto, todos mis amigos habían ido a escucharme —lo que solo empeoró las cosas—, pero logré superar ese mal momento. No sé si canté bien, pero lo importante fue que lo hice. Así es como se va más allá del miedo, solo haciéndolo.

Si te sientes intimidado por un nuevo proyecto, no pierdas el tiempo preocupándote. Si tienes miedo de dejar ir lo conocido y de intentar algo diferente, mientras caminas hacia tu nueva elección, haz a un lado lo viejo: cuando el miedo llegue sigue adelante, alimentando el entusiasmo del corazón y no las dudas de la mente.

Tu estómago se encoge, te sientes inseguro, pero si continúas llevándote al momento mientras tus pies siguen adelante, el miedo será eclipsado por el entusiasmo de tu corazón.

No hay garantías al cultivar la confianza en uno mismo. Tú confías confiando, atravesando los miedos y dejando ir tu protección y control. Confías eligiendo una y otra vez abrazar la vida en lugar de resistirla y, al hacerlo, te das cuenta de que lo mejor está siempre llegando a ti, aunque no lo parezca en el momento.

Una vez que moras en el amor-conciencia no hay nada que no puedas hacer, porque uno se siente seguro dentro de sí mismo. Esa sensación de seguridad es la cosa más importante que puedes darte, pues mereces el amor, mereces brillar.

¿Estás apegado a tu imagen?

Como adultos tenemos miedo de no ser aprobados. Fingimos en todo momento con el fin de ser aceptados por otros, creando una falsa imagen que presentamos ante el mundo, ocultando nuestros verdaderos sentimientos.

Cuando hacemos esto nos estamos abandonando. La aprobación de otras personas es un sustituto débil e inestable del amor a uno mismo. Nunca será suficiente para satisfacernos por completo, porque si tenemos que modificarnos con el fin de ser amados, ¿cómo podemos sentirnos cómodos en nuestra propia piel?

En el viaje de regreso al amor a uno mismo, mostrarte como realmente eres y decir la verdad es esencial. Asusta al principio: cuando comenzamos a exponer las partes de nosotros que hemos aprendido a juzgar, el miedo al rechazo es inevitable.

Sin embargo, decir la verdad es como un músculo, es el músculo del corazón. Cuanto más usas ese músculo, más fuerte crecerá. La verdad se convierte en una energía que se mueve hacia afuera, es la energía del corazón.

Una imagen es una copia de otra cosa, una idea inventada. No hay ninguna imagen falsa que pueda estar a la altura de la luminosidad única de tu diamante interno. Sé tú mismo y ama tu singularidad por completo. Entonces te sentirás aprobado, ya que estarás aprobándote a ti mismo.

Abraza tus miedos

Cuando por fin decidimos enfrentarnos a los aspectos de nosotros mismos que hemos aprendido a ignorar, es natural sentir miedo. Da miedo enfrentar las cosas que hemos juzgado en nosotros. ¿Cómo podemos superar este miedo? Caminando hacia él. Cuando caminas hacia el miedo, este desaparece.

Había una vez un hombre que decidió ir a un taller de autoayuda en su cumpleaños número treinta. Allí, el terapeuta le dijo que necesitaba confrontar sus miedos.

Camino a su casa se quebró la cabeza pensando en su miedo más grande para poder confrontarlo. De repente, recordó la vieja casa a las afueras de la ciudad. Todo el mundo sabía que estaba embrujada. Siempre, desde que era niño, había sentido miedo incluso de pasar cerca de ella. Había oído historias tan terribles de lo que sucedía

Ilusión 9: Está bien ignorar los sentimientos desagradables

adentro que le daba terror pasar por enfrente y tomaba el camino largo desde su trabajo solo para evitar verla.

Después de pensarlo mucho decidió que este era su miedo más grande. Y para confrontarlo tendría que pasar una noche en la vieja casa.

Todo el mundo pensó que estaba loco, pero él estaba decidido a completar su tarea. Empacó una linterna y un saco de dormir en su mochila y partió camino abajo, mientras las nubes cubrían la luna, dejándolo caminar solo por la noche oscura y sin estrellas.

Cuando llegó a las enormes puertas de hierro, su corazón comenzó a latir más rápido, pero él estaba decidido. Abrió las puertas que chirriaban y las atravesó. Anduvo por el sendero que lo dirigía al vacío negro y escalofriante de la sombría entrada principal.

Cuando las puertas se cerraron de golpe detrás de él brincó del susto, pero continuó su camino.

La casa era enorme y siniestra en la oscuridad, sus viejas contraventanas escondían su contenido de la vista.

A medida que caminaba por el sombrío vestíbulo, un viento comenzó a aullar por los corredores, moviendo el denso polvo en el aire y agitando las telarañas que colgaban en cada esquina.

Al subir por la crujiente escalera se detuvo más de una vez, convencido de que una de las caras marchitas de los muchos retratos colgados en la pared había volteado a mirarlo con desagrado.

Recuperándose, continuó su recorrido hacia el ático. Estaba dispuesto a ver su miedo directamente a la cara y, a pesar de que temblaba nada lo iba a detener.

Cuando finalmente llegó al pequeño ático en la cima de la sinuosa escalera, sacó su bolsa de dormir y se acomodó en ella.

—Esto no es tan malo después de todo —pensó justo cuando estaba al borde de caer en un cálido y profundo sueño.

De repente fue bruscamente despertado por un estruendo. Asustado y desorientado saltó y escuchó tras la puerta. Su corazón casi se detuvo al oír fuertes pasos, «bum, bum», que se dirigían hacia arriba.

A medida que se imaginaba qué clase de horrible bestia iba a contemplar, oía un sonido de lamento estrangulado que flotaba en las escaleras, acompañado de un ruido de cadenas arrastrándose.

Temblando de terror y sabiendo que no tenia modo de escapar, se dio cuenta de que el monstruo no tenia adónde ir más que a la habitación donde él estaba parado.

Justo cuando el monstruo estaba a punto de alcanzar la puerta de la habitación, él tomó una decisión: «¡No me importa cuán horrible sea el monstruo; cuando atraviese esa puerta le voy a dar un gran abrazo!».

En ese momento despertó. La tibia luz de la mañana se colaba a través de la vieja contraventana.

No hubo monstruo, ¡solo fue un sueño! Era el pensamiento en su cabeza. No era real.

Cuando decidió abrazar a su monstruo, todo paró.

Y el miedo desapareció.

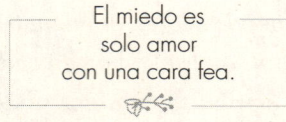

El miedo es solo amor con una cara fea.

Cuando te atreves a abrazar a tus monstruos, desaparecen.

CONTEMPLACIÓN

¿Existe una relación particular en tu vida en la que hayas estado reprimiendo tus sentimientos en vez de decir lo que piensas?

Si es así, considera la posibilidad de tener una charla de corazón a corazón con esa persona y hacerle saber lo que te ha estado molestando.

Habla desde un lugar de compasión y amor, y ábrete a escuchar lo que tiene que decir como respuesta. Luego, observa cómo te sientes y cómo sientes la relación. Tal vez la relación se volverá más fuerte y amorosa, o si no, sabrás que ya es hora de terminarla. De cualquier manera, es muy probable que sientas una gran sensación de alivio por haber transmitido tus emociones reprimidas.

¿En qué situaciones das un paso atrás en lugar de avanzar?

Haz una lista de esas situaciones. Con solo escribirlas serás más honesto contigo mismo acerca de lo que quieres lograr, y será más probable que te llegues a tu grandeza. Cada vez que sientas que te estás poniendo un freno, da otro paso, avanza. No te preocupes por las consecuencias, solo sigue adelante, suelta el freno poco a poco, y muy pronto las cosas fluirán con mayor naturalidad.

Segunda parte

Impregna tus roles y responsabilidades con amor-conciencia

A los 28 años de edad perdí todo. Perdí mi dinero, mis bienes, mi posición social, a mi novio, a mi abuela (quien me había criado con mis padres) y a mi padre; además, mi madre tuvo un derrame cerebral. Todo lo que me daba seguridad externa fue erradicado por completo de mi vida en un periodo de seis meses.

Este tiempo de pérdidas destrozó por completo mi imagen de quién era. Los roles con los que me había identificado durante tanto tiempo ya no existían y con ellos se había ido mi sentido de identidad.

Ahora, muchos años después, pienso en quien yo solía ser y me siento como una persona totalmente diferente. Las transformaciones que sufrí en esa época fueron lo que al final me llevaron a América del Sur, donde mi vida se convirtió en algo que nunca hubiera soñado.

Perder todo lo que era familiar me dio la libertad de reinventarme a mí misma, libre de las ideas sobre quién debería ser. Por esa razón, la pérdida puede ser una gran maestra, ya que en ella nos enfrentamos a nuestros propios sentimientos de vacío. Sin poder distraernos de nuestras adicciones e ilusiones, enfrentamos el vacío dentro de nosotros, ahora abierto y visible, imposible de ignorar por más tiempo. Tenemos entonces dos opciones: podemos tratar de ocultarlo de nuevo, reconstruyendo lo perdido, asignándonos otros roles y buscando nuevas formas de distracción, o asumir la responsabilidad de nuestro descontento interno y empezar a hacer el trabajo necesario para encontrar la plenitud interior.

No hace falta una tragedia o pérdida personal para hacerlo. Podemos decidir realizar cambios aquí y ahora. Aunque no estemos experimentando cambios agitados en nuestra vida personal, sin duda podemos ver que las cosas están cambiando rápidamente en el mundo en general. Hace décadas los temores disfrazados de prejuicios conformaban ideologías de todo tipo que controlaban la forma en que nos comportábamos como seres humanos, diciéndonos cómo ser, con un flagrante desprecio hacia los sentimientos y los deseos del individuo. En este punto de la evolución de la humanidad, las ideas rígidas mantenidas por mucho tiempo acerca del género, la carrera y los roles familiares están siendo reemplazadas por una sensación de «todo vale»: los hombres se quedan en casa para realizar las tareas del hogar y cuidar a los niños, mientras que las mujeres han llegado a posiciones de poder en los negocios y la política. Algunos hombres se someten a procedimientos quirúrgicos para convertirse en mujeres y viceversa, y los padres están capacitando a sus hijos para tomar decisiones de adultos, en vez de dictarles cómo deben comportarse, infligiendo castigos severos cuando no cumplen con el comportamiento preestablecido. Como nunca antes en la historia estamos facultados para examinar las etiquetas que nos hemos puesto nosotros mismos y cómo expresarnos en los roles correspondientes, en lugar de seguir ciegamente las normas establecidas.

El siguiente incidente, que sucedió al establecer mi primer centro de retiros en Colombia, nos muestra lo ilusorias que son las etiquetas que nos ponemos a nosotros mismos y a los demás.

A medida que avanzábamos por la selva le pregunté al conductor el nombre del jefe de los paramilitares. Íbamos e camino a visitarlo, como recién llegados a lo que resultó ser su territorio. La colina frente al mar sobre la que habíamos construido nuestro centro se encontraba en medio de la llamada «zona roja», «protegida» por los paramilitares que nos vigilaban como la Sierra Nevada de Santa Marta, la montaña costanera más alta del mundo.

Resultó que su nombre era Jesús. Me dije a mí misma, con ironía: «Esperemos que Jesús sea mi amigo». Y Jesús lo fue. Era encantador y estaba muy contento de que estuviéramos enseñando una forma de expansión de la conciencia tan cerca de su amada ciudad. Me aseguró que si teníamos algún problema él rápidamente se ocuparía de solucionar todo lo que pusiera en riesgo mi estancia. Evité preguntar exactamente cómo pensaba hacer eso, optando por una sonrisa.

Aquí estaba yo, una maestra espiritual en medio de la selva proponiendo la unión en una provincia donde los paramilitares y los guerrilleros solo compartían su aversión al gobierno.

Una mañana, el sonido de pasos pesados ahogó el estruendo rítmico del océano que por lo general nos convencía de salir de la cama. Una tropa de soldados fuertemente armados marchó con fuerza por las escaleras. Vestidos de negro, cargados con granadas y armas que requieren de entrenamiento solo para llevarse, se agruparon con severidad en nuestra terraza. Con el espectacular paisaje tropical enmarcando al grupo, se veían como intrusos en las vacaciones de alguien.

Eran policías antinarcóticos bajo el mando del presidente Uribe, pero no supimos eso hasta que se presentaron. Después de algunas preguntas bruscas acerca de nuestras intenciones en la zona, dejaron sus Uzis, granadas de mano y cinturones de balas al estilo Rambo y se sentaron a escuchar una breve introducción al trabajo de nuestra fundación.

A medida que nos escuchaban hablar del amor-conciencia, el amor incondicional y la unión que existe más allá de nuestras aparentes diferencias, sus rostros denotaron un interés sincero y curiosidad. Pero lo más revelador fue su respuesta a la pregunta: «¿Qué quieres?».

No importa a dónde vaya en el mundo. Así esté hablando en una prisión de alta seguridad o en un foro internacional, a senadores, monjas católicas, o exsoldados de la guerrilla; todo el mundo tiene las mismas respuestas.

—Paz —dijo uno de los soldados.
—Amor —murmuró otro.
Paz.

Más allá de nuestras diferencias aparentes se encuentra el núcleo común de la conciencia, que nos une a pesar de toda diversidad. He aquí una idea: ¿por qué no nos centramos en ese lugar, en vez de hacerlo en las cosas que nos separan? Tal vez entonces podríamos descubrir la paz que tanto anhelamos.

Segunda parte

¿Qué ves cuando miras a un soldado? ¿Puedes ver más allá del uniforme y conectar con ese lugar que los une a ambos?

¿Qué pasa cuando piensas en un hombre, una mujer, una madre, un padre, un marido, una esposa, un profesional exitoso, un jefe? ¿Tienes ciertas suposiciones sobre lo que significan estas etiquetas? El tapiz de nuestra percepción es cosido con el hilo de los que nos rodean. Nuestros padres y madres, maestros y políticos, vecinos y figuras religiosas, todos agregan sus colores al tejido de nuestra educación. A medida que nuestra percepción se forma de esta red de opiniones e influencias externas, adoptamos la imagen que la sociedad ha pintado para nosotros, en lugar de lo que en realidad somos, hasta que finalmente decidimos despertar a nuestra propia verdad.

Ahora que hemos explorado y expuesto algunas de las ilusiones más comúnmente sostenidas en nuestro tiempo, vamos a profundizar en nuestra transformación. En esta sección del libro, vamos a trabajar en romper los estereotipos y los roles prefabricados que nos mantienen encerrados en el juicio y la separación, que alimentan el fuego de la dualidad y las opiniones de la mente. ¿Qué significan estos roles interpersonales desde la perspectiva de la iluminación?

Ya hemos establecido que el amor-conciencia vive sin límites, sin expectativas rígidas ni reglas, así que ¿cómo se comporta dentro de estos roles? Vamos a explorar algunos de los roles más comunes y ver cómo se transforman en la experiencia del amor-conciencia. Aprenderemos a cumplirlos, no mediante los estereotipos que la sociedad ha grabado en nuestra psique por medio de los cuentos de hadas, los mitos y la cultura popular, sino siendo nosotros mismos, infundiendo en todas nuestras acciones la compasión y el *amor-conciencia*. De esta manera, vamos a ser mejores hombres, mujeres, madres, padres, amantes, cónyuges, empleados y empresarios.

Capítulo uno
Elevar nuestros conceptos de género

Recientemente vi un documental llamado *Bebés* que muestra con mucha claridad cómo los niños de todas las culturas nacen del mismo modo, mostrando formas idénticas de expresión en los primeros meses de vida. Luego, poco a poco, las normas sociales empiezan a modificarlos mediante los juegos y actividades de su entorno y sus comportamientos comienzan a reflejar ese condicionamiento.

Sin duda, el más esencial de los condicionantes que se nos impone como niños es nuestra identidad de género. Desde el momento en que nacemos, la gente hace suposiciones sobre nosotros con base en nuestro género (y desde el advenimiento de la tecnología de ultrasonido, para muchos de nosotros comienzan incluso antes de nuestro nacimiento). Las niñas se visten de rosa y reciben muñecas para jugar. Los niños se visten de azul y les dan camiones de juguete. Esta tendencia continúa durante toda la infancia. Cuando se convierten en adultos, están tan acostumbrados a actuar como se «supone» que las mujeres y los hombres actúan, aunque en muchos casos no tienen idea de qué serían sin esta construcción de género.

En torno a la masculinidad y la feminidad se han desarrollado los correspondientes «ismos» —el machismo y el feminismo—, y los estereotipos se han llevado a tal extremo que ¡incluso han asociado los sexos con planetas diferentes! Vamos a aprovechar esta oportunidad para trabajar algunas de las suposiciones sobre lo que significa ser un hombre o una mujer, para que podamos ir más allá de ellas. Después de todo, como la película *Bebés* mostraba, todos comenzamos de la misma manera y todos podemos abrazar la esencia común, y convertirnos, una vez más, en seres integrados.

Hombre

En el pasado, un hombre no podía ser emocionalmente vulnerable sin ser discriminado o juzgado. Solo le era permitida la rabia, la tristeza se consideraba una debilidad. Por el contrario, la tristeza se permitía a las mujeres; sin embargo, a ellas no se les autorizaba enojarse. Hoy las cosas son muy diferentes. Pero, aún así, muchos de nosotros hemos sido moldeados dentro de normas.

Hemos aprendido que los hombres deben ser fuertes y nunca deben mostrar debilidad. A menudo hemos traducido esto pensando que los hombres tampoco deben pedir ayuda, exasperando a las mujeres de todas partes, pues no pueden convencer a sus cónyuges que pregunten por direcciones cuando el GPS invariablemente los conduce por el camino equivocado. Sin embargo, el daño mayor del estereotipo masculino es la pérdida de la sensibilidad, el lugar donde en realidad reside la fuerza verdadera.

El estereotipo masculino pone al hombre como el sostén de la familia y quien toma las decisiones. También lo conmina a negar sus emociones e incluso aspectos de su creatividad. Recuerdo que hace años llegué a casa agotada después de un duro día de trabajo, encontré a mi novio de muchos años escuchando con atención las instrucciones de cocina que mi madre le daba por teléfono, mientras alegre y firmemente agitaba el sartén humeante, que emitía olores demasiado extraños y la cocina estaba llena de ollas y sartenes sucios, en un estado de caos total.

Apenas entré y cerré la puerta, él anunció con orgullo: «¡Carne y verduras!», como si él personalmente hubiera descubierto el secreto más fundamental para la felicidad doméstica y el equilibrio nutricional. Con el rostro perplejo, traté de entender cómo se las había arreglado para distribuir su ropa sucia de manera uniforme sobre cada mueble y superficie visible de la casa. Pronto fue claro para mí que estaba viviendo el estereotipo masculino al extremo, mientras intentaba con desesperación (y en vano) aparentar ser liberado.

La intensa competencia que las estructuras de la masculinidad moderna establecen solo aumenta la sensación de carencia de los hombres. Es hora de una masculinidad nueva, iluminada, que elija la cooperación en vez de la dominación.

Con el fin de regresar al equilibrio emocional los hombres necesitan permitirse ser vulnerables. Cuando nos cerramos a nuestros sentimientos también perdemos contacto con nuestra sabiduría intrínseca. Por protegernos de las cosas que tememos, en última instancia nos protegemos del amor.

Ciertas conductas de protección se han convertido en la moneda corriente de la masculinidad, cerrando las puertas así a lo que en realidad se está sintiendo por dentro. Una refutación brusca a cualquier invitación a sentir es una respuesta del típico «hombre» y cualquier otra cosa podría ser mal vista por el estereotipo masculino. Muchos aspectos de las artes son considerados afeminados o incluso «gay». Los «hombres de verdad» no expresan dolor ni emoción. No se preocupan por su aspecto y a veces atacan antes de ser atacados. A los «hombres de verdad» les gustan la cerveza, las mujeres desnudas y el futbol. ¡Desde luego no les gusta el teatro ni el diseño de interiores ni el cuidado de la piel!

Recuerdo a uno de mis estudiantes que me contó las burlas y el rechazo que experimentó al tener una peluquería, siendo heterosexual en un pueblo del interior argentino. A pesar de estar casado y tener un hijo, se acostumbró a las miradas sospechosas y a los chismes furtivos de sus vecinos, quienes sacaban a la luz sus prejuicios contaminados por un estereotipo anticuado que les dictaba lo que se esperaba de un «verdadero hombre». Mi propio peluquero, por otro lado, un estilista de vanguardia de la metrópolis de Buenos Aires, que ha estado casado más de una vez y tiene varios hijos, no puede concebir que exista ningún tipo de prejuicios en este sentido. Habiendo crecido en un entorno cultural diferente, un mundo de periodistas y celebridades en el que se le respeta, tiene una confianza en sí mismo que va más allá de los prejuicios de género.

Yo crecí en una sociedad donde la equidad de género, la diversidad racial y la aceptación de la sexualidad alternativa son una realidad desde los años setenta, y al llegar a América Latina me encontré con que algunos países todavía tienen que superar prejuicios que, desde mi concepción de australiana, son anticuados. Solo hace unos días leí un artículo de debate sobre la moralidad del futbol femenino y su efecto sobre las preferencias sexuales de las jugadoras. Para muchas personas en esta cultura, el futbol sigue siendo un deporte exclusivamente masculino y el crecimiento del futbol femenino está generando debate y desacuerdo.

En el mundo actual lo único que realmente importa es que todo lo que hagamos sea con pasión y sin limitarnos a los conceptos rígidos de lo que pensamos que se espera de nosotros. Ya son demasiadas décadas de «los hombres deben» y «los hombres no deben». Vamos a invitar a los hombres del mundo a trascender los roles masculinos estereotipados y a abrazar su aspecto masculino y femenino en su expresión propia y única. Invitémoslos a disfrutar de su creatividad en cualquier forma que se manifieste, para que puedan regocijarse con su masculinidad, en lugar de sobrecargarse a sí mismos con responsabilidades a fin de demostrar su valía como hombres.

Pasión por el deporte

Tal vez como resultado de la tradición de represión emocional y la competencia entre los hombres, se observa un fenómeno interesante en los eventos deportivos más importantes. En todo el mundo, hordas de espectadores se reúnen y toda una vida de sentimientos reprimidos de repente se suelta en una catarsis masiva.

Alentamos, lloramos, nos revolcamos y gritamos, comportándonos de manera extraña e inesperada. A veces, el partido se utiliza como una excusa para la violencia, alimentada por una diferencia de opinión en combinación con la energía masculina fuera de control. Cuando el juego comienza nuestra naturaleza competitiva alcanza su punto culminante, y el comportamiento de otro modo no aceptado por la sociedad de repente se desboca a rienda suelta.

Para los aficionados más apasionados entre nosotros, apoyar al equipo y compartir nuestro entusiasmo con nuestros compañeros produce una descarga de adrenalina enorme, mientras que el mundo celebra nuestro deporte. Pero algunos de nosotros nos involucramos tanto que llegamos al punto de perder la alegría y la felicidad: estamos tan empeñados en que nuestro equipo gane que nos olvidamos de que es solo un juego y que lo vemos por diversión.

Yo no quiero ser aguafiestas, pero no hay que perder de vista la verdadera dimensión de las cosas. Utilicemos esos momentos para una catarsis masiva, para la liberación de la válvula de presión de nuestras emociones; disfrutemos de nosotros mismos, observemos la intensidad con la que nos aferramos a los resultados y aprendamos a soltar un poco más.

Para aquellos que no expresamos libremente las emociones en nuestra vida, esta oportunidad de hacerlo nos hace mucho bien. Pero para aquellos que se aferran al éxito en los resultados, solo les causará una mayor frustración, alimentando el sentimiento de «nosotros contra ellos» y la competencia agresiva.

CONTEMPLACIÓN PARA LOS HOMBRES

¿En qué áreas de tu vida no estás siendo vulnerable
ni sensible, ocultando tus verdaderos sentimientos
para vivir a la altura de lo que se piensa y espera de ti?

Ser vulnerable y sensible no te hará débil, te ayudará a conectarte contigo mismo y a comprender más profundamente a los que te rodean. La vulnerabilidad te permitirá comunicar tus necesidades y entender las necesidades de los demás.

¿Te asusta la responsabilidad, haciéndote sentir abrumado,
como si el mundo estuviera descansando sobre tus hombros?

¿Estás manteniendo una falsa máscara de control?

Mujer

La mujer es considerada como el sexo delicado, a menudo conocida como el sexo débil. Ellas son las que deben ser recatadas y permanecer en segundo plano.

Cuando era joven, era abierta y confiada. Mi escuela de señoritas al estilo victoriano era muy estricta y veía mal este comportamiento, lo consideraban poco femenino. Trataba de interpretar el papel de la chica dulce y suave con poco éxito, pero más tarde en la vida me di cuenta de que, al hacerlo, había abandonado gran parte de mi fuerza y poder. Aprendí a actuar siendo menos para que los demás se sintieran cómodos conmigo, escondiendo mi ira detrás de una máscara de niña dulce, sin mantenerme fiel a mi corazón ni confiando en mis convicciones.

A los ocho años decidí que cuando fuera grande sería el próximo Tarzán. Lamentablemente, mi convicción se extinguió muy pronto cuando mi madre me informó que, Tarzán o no, ya no podía correr por las calles con la parte superior de mi cuerpo descubierta. Yo estaba indignada. ¿Qué clase de señor/señora de la selva vestiría una camiseta?

—¡Tarzán no usa camiseta! —grité con toda mi voz.

—Entonces no puedes ser Tarzán —respondió mi madre.

—Pero, ¿por qué?

—¡Porque las mujeres no usan taparrabos! Llevan vestidos o faldas y blusas.

Esa fue mi iniciación como mujer. A partir de ese momento llevé blusas y vestidos y ya no jugué más a ser Tarzán.

Desde la inocencia de la infancia yo no podía concebir una razón por la cual tendría que ser diferente de los niños. Yo lanzaba el disco y la jabalina y corría en la pista de larga distancia, comparando mis tiempos logrados con los registros establecidos por mis ídolos olímpicos. Aprendí actividades al aire libre con mis tíos en el campo y, aunque mi abuela trató de entrenarme en más actividades domésticas, mi verdadero interés estaba más allá del cerco y hacia el horizonte de los territorios salvajes del mundo natural. Domé por primera vez un caballo cuando solo tenía doce años y desde entonces seguí avanzando en ese camino, convirtiéndome en una de las mejores entrenadoras en el campo ecuestre, que estaba dominado básicamente por hombres. Pero era mi pasión lo que me impulsaba, sin pensar si se consideraba adecuada para una mujer o no.

¿Fue este logro más o menos meritorio que dominar el arte de tejer, cocinar o la maternidad? No, solo era diferente. Todos debemos escuchar lo que nuestro corazón desea para que nuestras acciones siempre reflejen nuestro ser, que vibra al unísono con nuestra fuerza interior, en lugar de hacer algo por obligación o por lo que se espera de nosotros.

Muchas bellas cualidades están típicamente asociadas con la feminidad: la gracia, la emoción, la creatividad, la energía nutritiva de la maternidad. Desde luego comparte estos dones con el mundo, celebra tu feminidad, pero no trates de encasillarte en estas conductas, sino que haz lo que sea natural para ti. Si tu personalidad no encaja en el molde típico «femenino», no trates de reprimirte para lograrlo. Abraza tu singularidad y celebra la idiosincrasia que hace que tú seas solo tú misma.

Algunas mujeres se hacen las tontas para que sus hombres se sientan fuertes e importantes y aparentan ser inofensivas. ¡Este es el mayor abandono de sí mismas y no ayuda en nada a encontrar su fuente de poder personal! ¿Cuántas mujeres han reprimido su poder haciéndose pequeñas y aceptables? Nuestro potencial es ilimitado, pero dudando y siendo inseguras hemos aprendido a evitar nuestra grandeza. ¿Cuántas posibilidades nos quedan por descubrir?

Incluso hoy en día, en el siglo XXI, la experiencia de la feminidad se extiende entre las polaridades extremas. Por un lado, están las mujeres que desarrollan su potencial al límite de los logros humanos: las científicas que participan en algunos de los descubrimientos más grandes de nuestros tiempos, o las que viajan al espacio en misiones que eran ciencia ficción hace apenas medio siglo. Por otro lado, todavía hay lugares en el mundo donde la mutilación genital femenina es algo común y donde las mujeres son lapidadas hasta la muerte, castigo socialmente aceptado para aquellas que no respetan las normas de su cultura.

Entre estos dos extremos se encuentra una rica y variada serie de experiencias, mujeres de todos los colores y todas las naciones, todas las culturas y orígenes, que añaden un nuevo capítulo a la diversa y vibrante historia de la mujer en el mundo.

La mayoría de nosotras hemos adoptado los hábitos de nuestra cultura, alimentando el inconsciente con temores y dudas que nos mantienen aferradas a los patrones autodestructivos que aprendimos a imitar. Sin embargo, siempre están aquellas que han superado las dificultades de sus circunstancias. De pie, como faros de inspiración, su presencia y logros susurrándonos dicen: «Sí, se puede». Me viene a la mente Waris Dirie, la exsupermodelo somalí que fue sometida a la circuncisión femenina y más tarde se convirtió en una voz en contra de esta práctica ancestral.

Muchas veces, por miedo y la necesidad de aprobación las mujeres nos sometemos pasivamente a los mandatos y las tradiciones de nuestras comunidades. Es más fácil abandonarse que alzarse en nuestro propio poder al decir nuestra propia verdad.

Cuando comenzamos a expandir nuestra conciencia y empezamos a abrazarnos y a aceptarnos a nosotras mismas, podemos empezar a revertir esta tendencia. Llegamos a darnos cuenta de que por medio de la eliminación de nuestras creencias limitantes y la limpieza de nuestro canal de percepción, estos cambios internos generan entusiasmo y gratitud en nuestro entorno y, a su vez, reavivan un estado de asombro dentro de nosotras que impregna todos los aspectos de nuestra vida.

CONTEMPLACIÓN PARA LA MUJER

¿En qué áreas eliges la pasividad y abandonas tu poder por aquello que sientes que se espera de ti como mujer?

Afirma: Como mujer puedo sentir mi poder, ser fuerte y decir mi verdad. Yo no necesito abandonarme en un dar sin fin para demostrar mi importancia. Soy importante y necesito ser responsable de amarme a mí misma.

Volver a la plenitud

Todos tenemos un aspecto masculino y femenino. Tradicionalmente se ha tratado de bloquear uno y se ha enfatizado el otro, pero a medida que se expande la conciencia colectiva esta tendencia está empezando a cambiar. Lo puedo ver en los eventos que realizo en todo el mundo: cuando empecé, el público era casi exclusivamente femenino, con algún marido descontento escondido en la fila de atrás, después de haber sido arrastrado por una esposa entusiasta. Ahora, los grupos son prácticamente mitad y mitad. Para mí, este interés más universal en la espiritualidad es un indicio externo del equilibrio interno que estamos descubriendo a medida que se eleva nuestra conciencia.

Hoy en día encontramos cada vez más equilibrio. Las características que antes se asociaban con un género son ahora aceptadas por el otro. La nueva generación «unisex» se compone no solo de ropa y peinados, sino de una presencia más andrógina en general. Más y más personas están superando los roles tradicionalmente aceptados, tomando decisiones que desdibujan las fronteras entre la masculinidad y la feminidad.

Los hombres se están integrando en el mundo emocional, mientras que las mujeres lo hacen en el mundo de la toma de decisiones y logros; así, el sentir y el hacer están en manos de todos. Conforme pase el tiempo, las barreras seguirán cayendo a medida que la aceptación de nuestra diversidad llegue a todos los puntos del planeta y a todas las generaciones, incluso aquellas atrapadas en las formas ancestrales, pues, en esencia, todos somos lo mismo.

Cuanto más nos enfoquemos en estar presentes, más podremos sacudir los cimientos de nuestros miedos inconscientes. Entonces, toda la estructura de nuestra desconfianza y separación se derrumbará, y en su lugar se levantará una nueva estructura, flexible, alegre, amorosa y pacífica. Podemos aceptar el presente sin reprimirnos por los estereotipos de género. Así, nada nos impedirá lograr nuestros sueños.

Capítulo dos
Padres conscientes

Nuestras personalidades están influidas fundamentalmente por nuestros padres. Cuando los padres inculcan los sentidos de autoestima y confianza en sus hijos, estos los acompañan a lo largo de sus vidas adultas. Por el contrario, cuando los padres abusan de sus hijos, el consecuente dolor y vergüenza permanecerán con ellos hasta la edad adulta, y puede incluso llevarlos a abusar de otros. El poder de los padres también se puede apreciar en la facilidad con que las personas criadas en la abundancia material generan dinero. Estos niños crecen con la expectativa de que siempre habrá suficiente y esta creencia rige su realidad financiera como adultos.

Por desgracia, a lo largo del tiempo los padres han sido limitados por ideas acerca de lo que un padre o madre debe o no ser. Mediante la demolición de los estereotipos, la reflexión sobre el legado que dejaron nuestros padres, así como el que estamos dejando a nuestros hijos, podemos abrirnos a crear una nueva realidad para nosotros, nuestros hijos y el mundo.

Padre

Todos hemos tenido diferentes experiencias con nuestros padres. Yo tuve la suerte de tener un padre que compartía su tiempo y atención en abundancia, sin condiciones, conmigo. Él me apoyó hasta el día en que dejó este mundo.

Tal vez tu padre era como el mío, atento, siempre pendiente de lo que fuera necesario. O tal vez fue el gran proveedor, materialmente presente, pero nunca afectuoso. Tal vez tuviste un padre ausente, para quien las actividades profesionales y sociales fueron lo más importante, y tal vez es difícil para ti recordar un momento significativo compartido con él. O bien, tal vez no recuerdas ningún tipo de afecto expresado por tu padre.

Tradicionalmente, el padre ha sido encasillado como una figura distante, carente de emociones y alejado de la vida de sus hijos.

Antes solía ser apropiado seguir los pasos del padre, por ejemplo: «Mi padre era abogado, su padre era abogado, así que yo también voy a ser abogado». Hoy, estas expectativas se están perdiendo. ¡El hijo puede convertirse en enfermero, mientras que la hija administra la granja! Los estereotipos se están disolviendo, en tanto que la línea entre la masculinidad y la feminidad se desvanece en una realidad más andrógina, en la que abrazamos los aspectos masculinos y femeninos de nosotros mismos.

Una nueva visión de la paternidad

En este nuevo milenio está emergiendo un padre muy diferente del estereotipo de siglos anteriores. Algunos seres reciben las expresiones puras de amor paterno desde los primeros momentos de su vida.

Este nuevo padre, sin miedo de compartir su ternura y sensibilidad, ha incorporado una gama mucho más amplia de emociones en sí mismo, y a la vez mantiene la proactividad dinámica y práctica que ha sido por tradición asociada con la masculinidad. (De la misma manera, las mujeres están recuperando el poder y la responsabilidad dentro de los aspectos más nutritivos, cálidos y suaves de la feminidad.) Están más conectados con sus propios sentimientos, lo que les permite guiar a sus hijos hacia una mayor aceptación emocional.

Un padre consciente guía con el ejemplo, apoyando a sus hijos en su grandeza e inculcando las cualidades de la autoaceptación, la confianza y el amor incondicional. Para poder hacer esto, primero tiene que desarrollar estas cualidades dentro de sí mismo.

Este hecho es una clara indicación de la evolución de nuestra conciencia: la unión interna entre el aspecto masculino estructurado y racional, y el aspecto femenino emocional y creativo. Cuanto más los unifiquemos dentro de nosotros mismos, más damos paso al amor incondicional que abraza todos los aspectos de la humanidad. Cuanto más decimos que sí a nosotros mismos y cuanto menos decimos que no, más nos vamos a conectar con la fuerza más poderosa, el amor-conciencia, en cuya presencia el miedo y las limitaciones se disuelven. Como resultado, tenemos padres que inspiran amor en sus hijos, quienes a su vez observan e imitan, amándolos incondicionalmente.

Estos niños crecen siendo lo mejor que pueden ser, apoyados en su grandeza y alentados a desarrollar su expresión única, sin limitarse de ninguna manera en esta aventura llamada vida.

Madre

Nuestras madres nos influyen más que nadie en nuestras vidas. Incluso en la edad adulta, según pasan los años su legado sigue vivo dentro de nosotros.

Algunos de nosotros adoramos a nuestras madres, otros luchamos o competimos con ellas. Algunos no pueden pasar un día sin tener una conversación con su madre, mientras que otros no pueden soportar siquiera hablar con ella. Sin importar lo que sentimos, nuestras madres han inculcado sus mejores y peores aspectos en nosotros. A menudo representan todo lo que amamos y odiamos, nos encanta la seguridad y comodidad que nos dan, y odiamos su control y el miedo que provocan.

Cuando nuestras madres nos abrazaron y nos aceptaron, tocamos el cielo con las manos. La intensa emoción del amor materno, alimentándonos, protegiéndonos y cuidándonos en los primeros días de nuestras vidas nunca se borrará por completo. Sin embargo, el rechazo, la desaprobación y los castigos que nuestras madres nos proporcionaron también dejaron su huella.

Los momentos formativos que compartimos con nuestras madres están registrados profundamente en nuestra memoria, en el disco duro que almacena la información de lo que pensamos que somos. Por lo tanto, como adultos seguimos proyectando los mismos sentimientos en nuestras relaciones personales. Buscamos la misma protección, la sensación de ser nutrido y amado, quizás incluso buscamos recrear los mismos sentimientos de rechazo.

Debido a que me dieron en adopción a una edad temprana, una sensación de abandono se registró en mi memoria. A pesar de que mis padres adoptivos me colmaron de amor, afecto y seguridad, seguí sintiéndome insegura, siempre temiendo ser abandonada de nuevo. Perseguía de forma inconsciente a personas que no podían comprometerse en una relación, para poder seguir creando la sensación de no merecer o de no ser lo suficientemente buena.

A menudo anhelamos ser tanto como —o a veces más que— nuestras madres. Muchos niños con padres famosos adoptan las demandas del éxito a tal extremo que se vuelcan en el abuso de sustancias. Se dicen a sí mismos inconscientemente: «No puedo ser así de grande, así de increíble, así de famoso y, por lo tanto, no soy digno». Pero no importa cómo se mire, nuestras madres, la mayoría de las veces, son nuestros más grandes espejos.

Cuando puedas decir honestamente que amas a tu madre con todo tu corazón, sin juicios ni arrepentimientos, sabrás con claridad que te estás amando, que estás amando el aspecto femenino en tu interior. Hasta ese momento, te invito a transformar lo que sientes hacia tu madre en una oportunidad para la autorrealización.

CONTEMPLACIÓN

¿Cómo te sientes con tu madre y tu padre? Sé honesto contigo mismo e identifica lo que de verdad está pasando. ¿Sientes la necesidad de su aprobación? ¿Tienes miedo de perderlos? ¿Estás resentido por todo lo que no te dijeron o por los errores que piensas que cometieron? Si mides tus palabras al hablar con ellos, intenta ser más directo y transparente en tus comunicaciones. Permítete sentir las emociones que han estado escondidas detrás de estas protecciones.

Al soltar el estrés que has albergado en el pasado sentirás un amor renovado hacia tus padres, si están físicamente presentes en tu vida o no. Serás capaz de verlos renovados, desde el más alto nivel del amor incondicional que jamás hayas sentido.

Sanar al mundo con el amor maternal

Yo solo tenía cuatro años cuando mi madre me contó que era adoptada. Con la noticia, entré en pánico y algo dentro de mí se paralizó.

El impacto de la situación fue tan grande que provocó un cambio drástico en mí. Hasta ese momento, yo siempre había sido una niña muy cariñosa e inocente. Después, empecé a evitar todo contacto físico. Me resistía cuando alguien trataba de abrazarme, odiaba ser tocada de cualquier manera. No creía cuando me decían que me amaban, porque mis seres más queridos me habían mentido. Esperaba la deshonestidad de cualquier persona que me mostrara afecto y rechazaba a todos los que se me acercaran demasiado.

Con el fin de escapar, creaba mundos de fantasía donde me perdía por horas, rodeada por el fascinante reino animal de mi imaginación. Allí, los animales me hablaban, y eran los únicos en cuyo amor confiaba. Desprovisto de seres humanos, ese mundo se convirtió en mi lugar favorito. Corría por el campo en busca de mis amigos animales y a menudo escapaba de noche, anhelando otro mundo.

Aunque las circunstancias pueden ser diferentes, todos hemos atravesado este choque inicial de abandono y desilusión en nuestras vidas, una situación en la que nos sentimos rechazados, no amados o expuestos de alguna manera a la pérdida, el cambio o la incertidumbre de la seguridad externa. Pudo haber sido un maestro de escuela que nos provocó frente a nuestros compañeros de clase, la pérdida de un ser querido, un divorcio, o tal vez algo en apariencia insignificante, que tal vez ni siquiera recordemos. Estas situaciones crean una sensación de separación que marca profundamente nuestra experiencia humana. Luego, a medida que maduramos, nos encontramos eligiendo relaciones que generan la misma sensación. Es como si estuviéramos luchando sin cesar para demostrar que en realidad no merecemos el amor, que no somos lo suficientemente buenos para recibirlo.

Al sanar el resentimiento y la tensión acumulados de nuestras experiencias pasadas podemos desentrañar los malentendidos y los reproches que nos dejaron amargados, confundidos o desolados. Podemos sanar las heridas emocionales provocadas por las circunstancias que nos parecieron injustas y que nos hicieron sentir como víctimas.

Si te sientes no amado, no apoyado, no valorado o ignorado debido a los acontecimientos de tu pasado, ese sentimiento es una oportunidad para acercarte al amor incondicional y encontrar una mayor realización interna. En general, cuando no sabemos qué hacer con todos estos sentimientos aprendemos a reprimirlos e ignorarlos. ¿Qué sucede entonces? Cuando reprimimos nuestros sentimientos y juicios nos convertimos en ellos. ¡Cuando se trata de nuestra relación con nuestras madres, hacemos las mismas cosas que más odiamos de ellas!

Puede que tu madre no viva en tu casa, pero aún vive en tu cabeza, empujándote, criticándote, castigándote. De una forma u otra, encontrarás que tu madre está siempre presente en aquellos aspectos tuyos que todavía no has abrazado. Tal vez incluso diste a luz a tu madre, o te casaste con ella. Mientras continúes negando los sentimientos negativos dentro de ti, las mismas pautas que estableciste con tu madre se repetirán en otras relaciones.

Para la mayoría de nosotros, el amor de nuestra madre forma nuestra comprensión inicial de lo que es el amor. El servicio y la entrega desinteresada que la maternidad universal representa son cualidades que todos debemos aprender a imitar en nuestro viaje hacia la autorrealización.

Con el fin de amar incondicionalmente, primero debemos aprender a amarnos y a aceptarnos tal como somos. ¿Cómo podemos abrazar a los demás en su perfección, si no podemos ver la nuestra? Si rechazamos ciertos aspectos de nosotros mismos, el amor incondicional hacia los demás nunca podrá ser más que una fachada hueca. Del mismo modo, para poder ser madre del mundo, para poder extender nuestro amor incondicional hacia todos los seres en nuestro entorno, primero debemos aprender a ser madre de nosotros mismos. Primero debemos encontrar la belleza y la perfección de nuestra propia individualidad y regocijarnos en nuestra forma única de ser. Como resultado, la aceptación y el amor a los demás se desbordarán naturalmente hacia nuestra familia, amigos, comunidad y, en última instancia, el mundo.

Cuando cultivamos el amor verdadero en nosotros mismos ese amor irradia a todos los seres, todos los pueblos y a la Madre Tierra. Muchos hablan de lo que debemos hacer para mejorar el mundo: respetar los derechos humanos, cuidar el medio ambiente y así sucesivamente. Es bueno que recordemos estas cosas, pero ¿no sería mejor si el deseo de cuidar y servir surgiera de forma natural y espontánea dentro de nosotros? Entonces no tendríamos que pensarlo: sería una acción espontánea. En última instancia, nuestra propia sanación interior hará que estas cualidades florezcan de forma natural, no porque estemos tratando de comportarnos de manera responsable, sino porque con un corazón abierto asumimos la responsabilidad de nutrir y proteger la vida con dicha.

Un individuo centrado en dar amor incondicional ofrece la mayor contribución a la evolución de nuestro planeta. Este regalo a la humanidad llega por medio de nuestro propio crecimiento interno. Nos nutre a nosotros mismos y da luz a nuestra propia grandeza, resaltando a su vez la grandeza de otros.

A medida que cultives el amor incondicional hacia ti mismo, encontrarás el amor incondicional que buscabas expresar a tus hijos, padres, amigos y colegas. Te convertirá en una madre universal: la madre del mundo.

Padres incondicionales

Criar a tu hijo con amor incondicional significa ser padres sin miedo, sin la necesidad de controlar. No significa que seas descuidado ni complaciente por temor a perder el aprecio de tu hijo. El verdadero amor de los padres sabe poner límites, enfrentar situaciones insatisfactorias, y guiar el desarrollo del niño con mano firme y estable. Su naturaleza es la entrega, confía en que las cosas se desarrollen como deben. Al estar libre de los miedos del ego de cometer un error, ese amor no es ni sobreprotector ni imperioso.

Si el comportamiento de tu hijo te hace sentir inseguro, o si los que te rodean te hacen desconfiar de tu capacidad como padre, detente. No te tortures más. Hay un camino directo a la transformación de estos sentimientos: ir hacia adentro y encontrar la raíz de tu inseguridad.

Si tu hijo adolescente está recibiendo malas calificaciones, está faltando a la escuela, probando alcohol y drogas, no te castigues ni te tortures pensando: «Tal vez no inculqué suficientes valores en él», o «Tendría que haber establecido más límites». Estoy segura de que hiciste lo mejor que pudiste con los recursos que estaban a tu disposición en el momento. Si no te amabas a ti mismo, si estabas inseguro, si estabas necesitado de amor, es probable que no pudieras dar más a tu hijo. Pero hoy es un nuevo día: ¡ahora puedes tomar nuevas decisiones!

Los niños aprenden de forma automática de nuestro propio ejemplo. Nos imitan desde muy temprana edad y aprenden a copiar nuestra conducta, pero también registran nuestros sentimientos, aunque no los mostremos. No es suficiente decirles cómo deben comportarse, debemos dar el ejemplo, nuestras palabras deben reflejarse en nuestras acciones. Entonces, nuestros deseos van a ser recibidos y comprendidos en un nivel mucho más profundo. Si no has cultivado la autoestima y el amor propio, decirles a los niños que se cuiden a sí mismos no será suficiente. Uno se cuida cuando se ama. Si sientes que no vales nada, te descuidarás y, con frecuencia, buscarás experiencias y situaciones que reafirmen ese sentimiento.

Si te preocupa que no les hayas dado lo suficiente, mi pregunta sería: ¿te estás dando lo suficiente? ¿Estás escuchando tus propias necesidades internas? ¿Qué piensas de ti mismo cuando te miras al espejo? ¿Escuchas una voz de crítica o de aprecio? Puedes estar seguro de que esa misma voz es la que cría a tus hijos y probablemente sea la voz que tus padres utilizaron para criarte a ti.

Puedes sanar la raíz del autorrechazo cambiando de manera consciente tus comportamientos limitantes, comenzando con cosas pequeñas: amarte a ti mismo en aquellos lugares de inseguridad y miedo. Así, encontrarás que estos cambios sutiles naturalmente comienzan a modificar la forma en que tratas a los demás.

Muchos padres me preguntan cómo evitar pasar sus inseguridades a sus hijos. La respuesta es: no pueden. Los niños, inevitablemente, aprenden de sus padres, incluso las cosas que tratamos de esconder de ellos. Pero esto es solo parte de la vida: tus hijos están aquí para tener una experiencia humana. No trates de protegerlos de la vida. Repito, lo mejor que puedes hacer para ayudar a tus hijos a superar la inseguridad es que sanes tu interior. El mejor regalo que puedes dar a tus hijos es la inspiración de tu propio ejemplo. Si eliges amarte y sanarte a ti mismo, tu ejemplo positivo influirá en tus hijos y los ayudará a asumir la responsabilidad de sus propios asuntos.

Proyectamos nuestros miedos y frustraciones en nuestros hijos: no queremos que cometan los mismos errores que nosotros cometimos, pero, debido a esto, no los dejamos vivir. Esto los sofoca. Cuando te veas haciéndolo, ¡detente! Detente y conéctate con tu corazón. Si, por ejemplo, tu hija tarda en llegar y temes que pudiera estar bebiendo o incluso teniendo relaciones sexuales sin protección, pregúntate: ¿qué está pasando en este momento que es tan terrible? Observa: tal vez tu mente enlista un montón de ideas y temores, pero si miras más profundamente, te darás cuenta de que no reflejan la realidad en ese momento. Son el producto de tus remordimientos del pasado que están impulsando una serie de terribles ansiedades sobre el futuro: ¿y si alguien se emborracha y se aprovecha de ella? ¿Y si queda embarazada? ¿Y si ella se vuelve alcohólica? ¿Y si no tiene suficiente dinero? ¿Qué pasaría si...? Céntrate en el momento presente, en tu entorno real en este momento. Recuerda que tu hija no eres tú y que en realidad no tienes idea de cómo saldrán las cosas. Respira profundamente y ánclate en la confianza de la perfección innata de las fuerzas creativas del universo. Enfócate en el amor. Confía en que tu hija está creando su vida exactamente como debería ser.

CONTEMPLACIÓN PARA PADRES

¿Qué inseguridades tienes como padre?

¿Qué inseguridades tienes dentro de ti como persona?

¿Puedes ver una conexión entre las dos?

Cuando te encuentras inmerso en pensamientos de duda, en autocríticas, o en preocupaciones por tu hijo, regresa al momento. Lo ideal es reemplazar estos pensamientos con una faceta (ver Anexo I). La mente solo puede pensar una cosa a la vez. Al ocupar tu mente con las facetas, utilizarás el poder de tu intelecto para elevarte e inspirarte a ti mismo, en vez de usarlo para pensamientos banales que le restan poder a ti y a tu hijo.

EL FIN DE LA PATERNIDAD: SÍNDROME DEL NIDO VACÍO

Llega un momento para todos los padres en que nuestros hijos ya no dependen de nosotros y, de repente, ya no nos sentimos necesarios. Ellos tienen su propio mundo, su propia vida, incluso sus propias familias, y no nos incluyen en sus decisiones como nosotros a ellos. En este momento surgen las preguntas: «¿Y ahora qué? ¿Para qué sirvo ahora? ¿Quién me cuidará cuando esté solo?». Si esto te suena familiar, detente. Esta costumbre solo te puede llevar a la desolación y la desesperanza. Las balanzas se inclinarán hacia la depresión y la inercia, en vez de a la expresión y el crecimiento.

Aprecia el hecho de que hayas contribuido a que otro ser humano pueda crear su propia vida, abrir sus alas y volar alto en lo que aspire a ser.

Como en todas las etapas de nuestra vida, el inconsciente está inventando temores y dudas que nos mantienen aferrados a nuestros patrones autodestructivos. Una vez más, los invito simplemente a enfocarse en el amor, entonces todo lo que viene del miedo comenzará a desaparecer.

CONTEMPLACIÓN

Cuando te encuentras frente al vacío que dejaron tus hijos al irse de casa, en lugar de enfocarte en lo que has perdido, ábrete a las nuevas posibilidades que te trae la vida. Toda la atención que dedicaste a criar a tus hijos ahora puedes encauzarla hacia la expansión de tu conciencia, a amarte a ti mismo. Incluso, quizás es momento de tener nuevas aventuras y pasatiempos o revivir viejos talentos que fueron relegados durante la paternidad.

Capítulo tres
Relaciones íntimas: encontrar la pareja ideal dentro de ti

En la búsqueda de la plenitud, a menudo tratamos de llenar nuestro vacío interior con una pareja. Incluso muchos de nosotros hemos llegado a creer que la plenitud solo es posible en los brazos de nuestra alma gemela.

Hemos convertido el romance en el sueño más elevado, y las películas de Hollywood solo han aumentado esta ilusión. Creemos que lo mejor que nos puede suceder es encontrar a la pareja ideal. Sin embargo, hasta que no sanemos nuestra relación con nosotros mismos veremos nuestra propia insatisfacción reflejada en nuestras relaciones íntimas.

Al principio las cosas tienden a ir de maravilla, pero con el tiempo los juicios comienzan a aparecer. «¿Por qué no tapa la pasta dental?» «Si él en realidad me amara me prestaría más atención». Las ilusiones se destruyen con rapidez porque, cuando observamos más de cerca a nuestra pareja, empezamos a ver cosas que no nos gustan. En otras palabras, empezamos a vernos a nosotros mismos.

El problema es que al obsesionarnos con encontrar la plenitud externa hemos descuidado la relación más importante que tenemos en nuestras vidas: la relación con nosotros mismos. Aunque sea lo más importante, la dejamos al final de la lista.

Creemos que amarnos a nosotros mismos es egoísta. Sin embargo, hasta que aprendamos a hacerlo, nuestras relaciones íntimas se llenarán de necesidad y codependencia. La necesidad es lo que conduce al apego. Cuando sentimos que necesitamos a alguien o algo para ser felices, nos apegamos. Con el apego surge la necesidad de control. Sentimos que debemos controlar nuestras circunstancias, ya que nuestra felicidad depende de los resultados que esperamos. Debemos controlar a nuestra pareja para asegurarnos de que se comporte de manera tal que satisfaga nuestra necesidad, la necesidad de sentirnos amados. La necesidad de controlar nos lleva a la manipulación para lograr que la otra persona haga lo que queremos. Pero, ¿dónde está el amor en todo esto? La manipulación y el control no vienen del amor sino que provienen del miedo.

La ironía es que nuestra pareja está haciendo exactamente lo mismo. Jugamos estos juegos, modificándonos con el fin de complacer al otro, abandonando lo que en verdad sentimos por temor al rechazo. Vivimos en la limitación y la insatisfacción pensando que si nos permitimos ser tal cual somos vamos a ser reprendidos por aquellos a quienes amamos. Sin embargo, ¡todos los demás están haciendo exactamente lo mismo!

Cuando te amas a ti mismo tus relaciones se vuelven honestas y transparentes, porque ya no temes perder. Comienzas a ser real, mostrándote tal como eres y, al hacerlo, le das a tu pareja la libertad para hacer lo mismo. Esta honestidad genera confianza, que es la base de una verdadera relación amorosa. Con el amor a uno mismo se pierde el miedo al rechazo y la necesidad de control. Todos los comportamientos que crean separación y juicio se desvanecen en la luz del amor: al abrazarnos a nosotros mismos, somos capaces de abrazar a nuestra pareja y sostenerla en su grandeza. Cuando nos sentimos completos dentro de nosotros mismos ya no sentimos la ausencia del otro cuando no está presente, por lo que la necesidad de control desaparece de forma natural. Con este sentido de autonomía viene una gran libertad y la capacidad de disfrutar la presencia del otro en serio.

Pensamos que al soltar el apego hacia nuestros seres queridos vamos a perderlos, pero en realidad es todo lo contrario. Cuando amas sin condiciones, incluso si tu pareja no está a tu lado la sentirás más cerca que nunca, pues la habrás encontrado dentro de ti mismo.

Mirarnos en el espejo

Aunque no queramos admitirlo, los problemas que tenemos con nuestra pareja, por lo general, son iguales a los que tenemos con nosotros mismos.

A menudo, en mis relaciones sentía que mi pareja no podía comprometerse. Establecía relaciones con hombres que estaban todavía dolidos por la ruptura con su ex, o incluso cuando era más joven, con hombres que estaban involucrados con otra mujer. Continuamente les exigía que me amaran más, que se comprometieran en nuestra relación. Sin embargo, a la primera señal de compromiso fui yo quien abandonó el barco. Cuando una pareja potencial parecía deseosa de casarse, de establecerse y de tener hijos, salía corriendo lo más rápido que podía, con la cabeza llena de excusas: que era aburrido, que no era muy atractivo, y así sucesivamente. La lista de lo que estaba mal con ellos era interminable, mientras que los que no podían ni querían comprometerse siempre parecían perfectos. Basta decir que cuando empecé a mirar hacia adentro la persona que no quería comprometerse era yo.

Siempre estamos en una relación con nosotros mismos; nuestra pareja nos refleja los comportamientos de nosotros mismos que no nos gustan. Nos apresuramos a negar esto, sacando la lista de las cosas que nuestra pareja hace mal y que, por supuesto, no se asemeja a nuestros comportamientos.

Sin embargo, antes de descartar esta idea veámosla con atención. ¿Qué te hacen sentir los comportamientos de tu pareja? ¿Cuál es el juicio interno que tienes respecto a las cosas que te molestan? Yo me preguntaba: ¿por qué era siempre la amante y no la esposa? Cuando sentía la falta de compromiso de mi pareja me enojaba y sentía ganas de cambiarlo; sin embargo, cuando me exigían ese mismo compromiso era incapaz de asumir esa responsabilidad.

Una cosa es cierta: si no te gusta lo que ves externamente necesitas eliminarlo internamente. Entonces, aquello que ves en tu pareja cambiará. Una vez que comiences a amarte a ti mismo, una vez que empieces a comprender el origen de tus debilidades y a aceptarlas, desaparecerán de forma natural. Te encontrarás ante una nueva reflexión, un reflejo de amor. Esto no significa necesariamente que vayas a cambiar de pareja, sino que, al cambiar tú mismo, tu percepción de tu pareja también cambiará.

Si no estás satisfecho con algún aspecto de ti mismo, crearás esa misma insatisfacción externamente hasta que la transformes dentro de ti. Al asumir la responsabilidad de amar ese aspecto de ti mismo ya no reaccionarás al verlo en tu pareja. Observarás sus reacciones con amor, atestiguando tus miedos internos y tus juicios sin engancharte con ellos. Ya no estarás apegado a la idea de que tu pareja sea de cierta forma. Te sorprenderá ver cómo la gente cambia como resultado de tu transformación interior.

Esta es la evolución en acción, expresada mediante las relaciones personales: cuando observas tus espejos y llevas tus sentimientos hacia adentro, las oportunidades de crecimiento son infinitas. Atrévete a tener esta aventura interna y observa cómo los dramas externos se disuelven como por arte de magia. Te encontrarás rodeado de espejos brillantes que reflejan el amor incondicional.

Cónyuge

Se conocen, se enamoran, se casan. Así es como sucede, ¿verdad? ¿Y entonces, qué? Oímos hablar de tasas de divorcio, de terapias de pareja y de amoríos, pero también oímos hablar de la imagen perfecta de matrimonios felices por cincuenta años. ¿Por qué sentimos esta necesidad de casarnos y por qué pensamos que eso nos completará?

Si quisiera ser cínica podría decir que la institución del matrimonio necesita ser protegida con promesas y contratos porque es un convenio limitante creado por el hombre, que proviene del miedo y, por lo tanto, es frágil. Sentimos la necesidad de que el otro se comprometa porque así podemos controlarlo y, de esa forma, pensamos que estará siempre a nuestro lado, lo cual nos hace sentir seguros. A menudo, es por la necesidad de recibir la aprobación pública asociada con el matrimonio o para vivir ese cuento de hadas que nos han hecho tragar, como el caldo de pollo que según se nos dijo curaba los resfriados.

Pero no quiero hacer que todo parezca tan sombrío. En un matrimonio entre dos personas que se aman de manera incondicional no hay necesidad de atar a la otra persona o tratar de controlarla en modo alguno. El amor incondicional da al otro la libertad de expresión que todos estamos deseando: la libertad de ser nosotros mismos. ¿Existe amor más grande que eso? Si en verdad amas a alguien, ¿cómo puedes desear que sea otra persona? Este tipo de matrimonio florece y fructifica en dos personas que se apoyan mutuamente en el logro de su propio potencial.

Cuando comenzamos a ser honestos con nosotros mismos, la honestidad empieza a crecer en nuestras relaciones. Es ahí cuando el vínculo entre nosotros se pone a prueba en realidad. Mi centro lo han visitado muchas parejas de casados que llevan décadas juntos y que quieren experimentar el proceso de crecimiento interior. Al llegar, aprenden a expresarse, y a menudo terminan compartiendo cosas que habían evitado durante años. Es maravilloso ver cómo la honestidad infunde nueva vida e intimidad a las relaciones que se han vuelto tensas y distantes. Al enfrentar el miedo de hacer daño a los demás, vuelven rejuvenecidos a casa, más unidos y amorosos que nunca.

Sin embargo, para algunas parejas este proceso resulta más difícil. Por ejemplo, recientemente un matrimonio participó en un programa de sanación profunda en mi centro. Ambos eran psicólogos y tenían experiencia en el Sistema Isha. Cuando la esposa comenzó a crecer y expresar las cosas que no se había atrevido a decir antes, cuando dejó de tratar a su marido como un niño y comenzó a expresar sus propias necesidades, su marido se quiso ir de inmediato y terminar el programa. Su esposa ya no cayó en los mismos juegos de manipulación y, de pronto, él se sintió inseguro. Cuando esto sucede tenemos la opción de ir hacia adentro y encontrar la verdadera seguridad, o seguir evitándonos y buscar una nueva muleta externa. Pasaron algunos días, él fue más hacia adentro y, finalmente, decidió quedarse y enfrentar sus miedos para dejar ir el abandono que lo había paralizado durante tanto tiempo.

Nuestro deseo de hacer que el amor del otro sea eterno proviene de nuestra necesidad desesperada de ser amados, pero esta necesidad continuará insatisfecha hasta que lleguemos a amarnos a nosotros mismos. El impulso de controlar a los demás proviene de nuestra falta de amor a nosotros mismos. Hemos aprendido a rechazarnos tanto que nos hemos convertido en esclavos de la aprobación externa; nuestro sentido del valor propio depende casi por completo de la opinión de quienes nos rodean. Esto es así incluso para personas aparentemente exitosas y poderosas, porque si su confianza radica en su éxito o su prestigio público, ¿a dónde van a ir si esas cosas desaparecen?

El matrimonio no es un remedio para la inseguridad. El único remedio verdadero para la inseguridad es el amor a uno mismo —más allá de los temores y las dudas de la mente— y el desarrollo de una conciencia del valor interior que es nuestro propio ser, lo que yo llamo amor-conciencia. El verdadero amor, el amor incondicional, rompe todas las fronteras, cajas e ideas. Es la naturaleza ilimitada de ser, es la vida misma.

Alcanzar la honestidad y la transparencia

Todos mentimos. Mentimos para recibir aprobación, para manipular las opiniones de otros sobre nosotros. Cuán contradictorio es: se nos ha enseñado desde niños que siempre debemos decir la verdad, que no debemos mentir, pero la sociedad nos enseña a mentir «apropiadamente» con el fin de evitar el conflicto, por cortesía, para conseguir lo que queremos. Esto es especialmente cierto en nuestras relaciones íntimas.

Esto me recuerda uno de los aspectos más disfuncionales de mi familia. En la década de los ochenta parecía que todas las personas fumaban a excepción de mi madre y mi abuela. La presencia de un cigarrillo era suficiente para generarles ataques de tos compulsiva y lágrimas en los ojos. Toda la familia había sido entrenada, como los perros de Pavlov, a quejarse debidamente en la presencia de un fumador. El problema era que todos los demás en la familia fumábamos —mi novio, mi padre, mi hermano, su esposa y yo— y después de nuestra queja simulada nos levantábamos al unísono para ir al baño y fumar un cigarrillo a escondidas. Al terminar, nos aplicábamos apresuradamente nuestro espray bucal, perfume, o lo que fuera necesario para camuflar el olor de los cigarrillos. Habíamos estado llevando a cabo esta charada durante tanto tiempo que ya nos parecía algo normal. Éramos totalmente inconscientes del terror que nos producían mi abuela y mi madre, enmascarando desesperadamente nuestras adicciones a fin de recibir su aprobación.

La mentira es el autoabandono. Es un lugar donde evitamos mostrarnos exactamente como somos, así que en definitiva viene desde el miedo: miedo de ser rechazados, miedo de no sentirnos amados. Nos ponemos máscaras sociales y presentamos un personaje falso al mundo, la persona que creemos que debemos parecer. Sin embargo, al hacerlo negamos partes de nosotros mismos que se convierten en obsesiones secretas o en emociones reprimidas que resultan en resentimiento y desilusión.

¿Con qué frecuencia se sacrifica la sinceridad con nuestra pareja con el fin de evitar conflictos o esconder algún aspecto de nosotros mismos? Nuestra necesidad de aprobación suele ganarle a nuestro compromiso de ser veraces, pero el abandono es un alto precio a pagar para mantener una apariencia de armonía.

Si sentimos la necesidad de ocultar algo a nuestra pareja es porque en algún nivel sabemos que nuestras acciones no se basan en el amor y el crecimiento. Pero los secretos en las relaciones íntimas se convierten en heridas abiertas, impidiéndonos llegar a una relación sana. Y nosotros somos los que pagamos el mayor precio por nuestras mentiras, ya que lo escondido queda siempre ahí, acechando a la vuelta de cada esquina y afligiéndonos con una sensación permanente de incomodidad, culpa y vergüenza.

No ocultes tus conductas a tu pareja. Haz que la confianza total sea tu mantra. Una vez que decidas poner la honestidad y la transparencia por encima de la necesidad de aprobación o la necesidad de manipular a tu pareja, todo empezará a cambiar. Te sorprenderás de lo mucho que tu autoestima mejorará al igual que tu relación.

¿Cómo pasar del amor condicional al amor incondicional?

¿Cómo podemos saber si nuestras relaciones personales se basan en la necesidad o en algo más profundo? Aquí comparto algunos de los indicadores comunes de la dependencia mutua y otros comportamientos que erosionan la buena voluntad y la armonía en las relaciones. Pregúntate si haces estas cosas en tus relaciones, y luego lee mis sugerencias sobre cómo cambiar estos comportamientos por una forma más amorosa de interacción.

Escenario: ¿mientes a tu pareja?

Las mentiras van desde pequeñas cosas («Sí cariño, me encanta tu estofado de pollo») a las más importantes, como decirle a tu pareja que tienes que trabajar hasta tarde cuando en realidad vas a encontrarte con un amante. Pero, independientemente de que las mentiras sean pequeñas o grandes, son un signo de una relación basada en la necesidad de recibir la aprobación del otro.

Solución: sé honesto.

El amor es siempre veraz. La mentira viene del miedo. Si deseas una relación amorosa, la verdad es la única opción. Siempre.

Escenario: ¿tratas de controlar y cambiar a tu pareja?

La necesidad de modificar al otro proviene de tus propias expectativas de cómo crees que debería comportarse para sentirte apoyado y amado. Esto viene de no asumir la responsabilidad de tu propia seguridad.

Solución: suelta el control

Cuando te veas manipulando o siendo prepotente, detente. Vuelve al momento presente y piensa: «Yo puedo soltar el control». Ve hacia el interior y céntrate en amarte a ti mismo. Entonces, la necesidad de controlar a tu pareja se desvanecerá.

Escenario: ¿tus conversaciones siempre se convierten en discusiones?

Tal vez encontrarás que los más pequeños desacuerdos producen discusiones desproporcionadas en tu relación, y que antes de terminar de dar tu punto de vista tu pareja reacciona con una idea pasada de lo que estás pensando o sintiendo, y viceversa.

Solución: escucha

Cuando tu pareja te esté hablando, en verdad escucha lo que te dice, especialmente si no estás de acuerdo o si te hace enojar. Encontrarás que las cosas que menos quieres escuchar son las que más te pueden ayudar a crecer. No tienes que estar de acuerdo con ella para escucharla, y por escuchar no estás dándole automáticamente la razón, pero te estás abriendo a recibir lo que tiene para mostrarte. Cuando uno escucha, aprende más sobre la otra persona, pero más importante aún, aprendes más sobre ti mismo.

Escenario: ¿te sientes resentido?

Si no expresas tus sentimientos abiertamente a tu pareja el resentimiento empezará a crecer dentro de ti y luego detonará por las cosas más pequeñas y tontas. Si encuentras que durante una discusión vuelves a sacar la lista de todo aquello por lo que estás resentido, significa que no estás expresando lo suficiente.

Solución: sé vulnerable

Una relación realmente amorosa soportará la prueba de la verdad. Sé honesto acerca de lo que sientes, y pronto verás la verdadera naturaleza de tu relación. Dile a tu pareja cómo te sientes. No trates de cambiarlo; expresa con el objetivo de ser totalmente transparente, de mostrarte exactamente como eres. Reconoce el miedo en la raíz de tu tendencia a no hablar y permítete sentirlo. Al hacerlo, comenzarás a liberar la carga emocional que causa el resentimiento y a reemplazarla con amor.

> Una vez que decides poner la honestidad y la transparencia por encima de la necesidad de aprobación o la necesidad de manipular a tu pareja, todo empezará a cambiar.
>

Lo maravilloso acerca de estas recomendaciones es que solo requieren de una persona para funcionar: ¡Tú! No caigas en la trampa al pensar: «No puedo compartir mis sentimientos con él, porque nunca escucha...» o «Voy a ser honesto con ella si ella es honesta conmigo...». Si tu relación está basada en dos personas que de verdad se aman se convertirá en más íntima, más satisfactoria. Y si el amor se ha ido, entonces probablemente terminará pronto. Pero, cuando te enfrentes con la verdad, pregúntate lo siguiente: «¿En realidad quieres pasar tu vida con alguien que no te quiere?». La verdad es que, una vez que empiezas a ser lo suficientemente honesto para hacer frente a esa realidad, estás en el camino de amarte a ti mismo. Encontrarás que esto te compensa más la pérdida de una relación que era, en última instancia, insatisfactoria.

Saber cuándo es hora de irse

El amor incondicional debe comenzar con el amor a ti mismo. Si te abandonas a fin de mantener una relación, no estás siendo incondicionalmente amoroso, pues te estás aferrando a una forma externa que ya no les sirve ni a ti ni a tu pareja. Una relación verdaderamente amorosa siempre conducirá a un mayor crecimiento.

Hace muchos años inicié una relación con alguien que, sin yo saberlo, tenía un historial de abuso de sustancias. Pronto me enteré de su historia y entonces me di cuenta de que había dejado de tomar drogas porque yo era la nueva adicción. Cuando la emoción del romance y la atracción sexual dejaron de llenar su vacío interno, las drogas volvieron a aparecer. Hice muchos intentos por ayudar a mi pareja a superar este problema, hasta que me di cuenta de que, en realidad, yo también estaba luchando con la adicción: yo era adicta a rescatar. En vez de confrontar mi propio vacío interno y amarme a mí misma incondicionalmente, había enfocado toda mi atención en alguien que sin duda parecía peor que yo, así que me podía sentir bien conmigo misma.

También me sentí como una víctima en esa relación. Como no podía confiar en mi pareja, no me valoraba: «¿Por qué no era yo más importante que las drogas?». Finalmente me di cuenta de que tenía que convertirme a mí misma en lo importante. En ese momento decidí crear una relación amorosa conmigo misma, y la relación externa se debilitó debido a que en ese espejo no se reflejaba la belleza que veía en mí. Decidí salirme.

Tu situación quizá no sea tan obvia como la mía, o podría ser más extrema. Si no estás satisfecho con tu relación y no sabes si quedarte o seguir adelante, pregúntate: ¿Sirve esta relación a mi crecimiento? ¿Me apoya en la búsqueda de mi propia grandeza, en amar y valorarme a mí mismo? ¿Me siento amado por lo que soy o estoy tratando de satisfacer las expectativas de mi pareja? Si una relación te hace sentir pequeño, no sirve a tu crecimiento. Si una relación te hace sentir que dependes de otro, o si te estás abandonando con el fin de hacer que tu pareja se sienta cómoda, tu relación está basada en la necesidad. Si te encuentras en este tipo de relación, empieza a decir lo que sientes y sé tú mismo. Si tu pareja no se siente cómoda con esto, tiene dos opciones: aceptarte como eres o terminar la relación.

CONTEMPLACIÓN

¿Estás esperando a la pareja perfecta?

En lugar de mirar hacia afuera, enfócate en enamorarte de ti mismo. Sé la pareja perfecta para ti mismo, apreciándote, inspirándote, dándote la confianza y el apoyo que buscas.

*Si estás en una relación,
observa dónde te abandonas con el fin de complacer al otro.
Di lo que sientes aun si tienes miedo de ser rechazado.*

Decir lo que sientes a veces da miedo, pero a la larga traerá una mayor honestidad y transparencia a tu relación. La verdadera intimidad no puede alcanzarse si estamos usando una máscara. Si ocultamos nuestro verdadero ser detrás de lo que creemos apropiado, nos alejamos de la gente que más queremos.

> Cuando ves algo que no te gusta en tu pareja, llévalo hacia adentro.
> Pregúntate a ti mismo:
> «¿Qué siento cuando él / ella hace eso?».

En lugar de tratar de cambiar a tu pareja, dile lo que sientes, con la intención de liberar los sentimientos. Te sorprenderás de cuántas de las cosas que juzgas o rechazas en tu pareja son en realidad aspectos de ti mismo. Si las usas para ir hacia adentro y sanarte, puedes transformar las cosas que no te gustan de tu relación en regalos inesperados: oportunidades para sanar y crecer.

Capítulo cuatro
Redefinir y lograr el éxito en el trabajo

¿Has llegado alguna vez a un punto en tu vida en que sentías tenerlo todo y, sin embargo, algo te faltaba? En la década de mis veinte años, todo el éxito externo que había logrado debería haber sido suficiente, sin embargo, yo no era feliz. Las cosas que había acumulado, mi posición social y los logros profesionales, todo parecía demasiado frágil, demasiado vacío para ser todo lo que ofrecía la vida. Tenía sed de algo más, pero ese algo era intangible.

Hemos aprendido a medir nuestro valor por nuestros logros externos, pero no hay medición que pueda ser más superficial: se puede ser rico y famoso, con innumerables admiradores, con el más extremo de los excesos materiales y, no obstante, no encontrar la paz. Esto lo vemos en varios íconos de la riqueza y la fama, cuya insatisfacción personal en última instancia los lleva a la desilusión. La plenitud que buscamos no puede depender de logros externos. El anhelo del corazón es interno. La búsqueda externa puede ser divertida, pero no te podrá llevar a la libertad.

Para mí, el éxito es el *amor-conciencia*, una vida sin miedo, una vida que inspira a otros a aspirar a lo mismo. ¿Qué es lo que tú realmente quieres? ¿Es la apariencia de éxito suficiente para ti, o te deja con el anhelo de algo más profundo?

El verdadero éxito se define por lo que uno es en cada momento, no por lo que estamos haciendo. Si somos internamente abundantes, dando desde un lugar de amor y valorándonos a nosotros mismos, nos encontraremos con una definición mucho más significativa del éxito.

Una vez que tengas la experiencia interna de *amor-conciencia* y paz, todo lo externo que podrás haber soñado en tu vida —y más— vendrá a ti, en abundancia y sin esfuerzo.

Debido a que ya no estás apegado.

Mientras nuestra felicidad dependa de lo externo, nunca podremos ser completamente libres: seguiremos siendo esclavos del exterior, dependiendo de la aprobación y el aprecio de los demás.

Con el fin de liberarnos de esta dependencia, debemos familiarizarnos con el amor que se encuentra dentro y que nadie nos podrá quitar jamás, en vez de entretener nuestros pensamientos basados en miedos que limitan y reprimen, así como en la crítica despiadada dentro de la mente o el lamento de lo que ha pasado y la resistencia a lo que vendrá. Ir hacia nuestro interior es el primer paso. Elige dar gracias por lo que es, en lugar de elegir sentir el resentimiento, o luchar, criticar y destruir. Recuerda que en lo que sea que te enfoques, crecerá. ¿Qué quieres que florezca en tu vida? Enfócate en cultivar lo que deseas. Te sorprenderás de lo rápido que las cosas empiezan a cambiar.

> El éxito verdadero se define por lo que somos en cada momento, no por lo que estamos haciendo.

¿Apuntar a un objetivo o vivir en el presente?

A menudo he encontrado profesionales que luchan por conciliar vivir en el momento presente con estar enfocados en el logro de sus objetivos. No veo tal dilema. La excelencia en cualquier área de la vida, de hecho en cualquier trayectoria empresarial o profesional, viene de estar completamente presente, dando lo mejor de nosotros mismos en cada momento y siendo conscientes de los detalles que otros pueden haber pasado por alto. Todos tenemos metas, pero si por nuestros objetivos nos enfocamos constantemente en un momento futuro, en última instancia son solo distracciones. Sé claro en tus objetivos, pero da el cien por ciento en este momento. Tú no estás al final del camino hasta que llegues allí. Mientras tanto, descubre la alegría de ese viaje.

No puedes estructurar tu vida en torno al logro de un objetivo: justo cuando estés llegando a él, los vientos pueden cambiar y, de repente, tu curso puede ser diferente. Hay que fluir, hay que moverse. Hay que estar abierto a la posibilidad de que tal vez lo que crees que quieres no te traerá alegría, que en realidad cualquier necesidad de que las cosas sean de una cierta manera es, en última instancia, una limitación.

Esta perspectiva no va en contra del marco empresarial, ya que cualquier grupo enfocado en el amor-conciencia experimentará una gran sinergia y unidad. Si cada miembro de un equipo está trabajando con una visión clara de la unidad, la comunicación y la cooperación surgen de forma natural y espontánea. Las personas que viven y trabajan en un lugar de gozo crean un entorno de trabajo más eficiente y agradable.

Es importante estar abierto a todo. Todos pensamos que sabemos qué es lo mejor, pero la alegría de la vida radica en lo imprevisible. Los imperios se construyen y luego se derrumban. Todo en este mundo es frágil, excepto lo que es real, lo que nunca cambia, que solo se transforma en más y más. Mantente abierto. Organiza tu vida por todos los medios, pero cultiva la capacidad de fluir, de dejar ir, de cambiar, de soltar la mente y sumergirte en tu corazón.

Perdida en un mundo aparte donde solo existimos mi caballo y yo, mis muslos están empezando a dolerme después de 120 kilómetros y diez horas encima de lo que ahora se siente como el caballo más incómodo del mundo. El mismo pensamiento que tuve en mi última carrera aparece: «¿Por qué estoy haciendo esto?».

Las carreras de Enduro Ecuestre son intensas. Los 160 kilómetros a recorrer son un reto para el caballo y para el jinete, llevando a ambos al extremo de su resistencia. Cuando estoy en medio de la carrera, hay un punto en que mi cuerpo siempre grita: «¿Por qué?».

Luego recuerdo por qué: porque me encanta. A veces es agotador, pero eso es parte de lo que me fascina: el desafío, la emoción y la alegría de cada momento, moviéndose hacia el objetivo, pero anclada en el presente. Jinete y caballo como uno solo, mi conciencia se fusiona con esta criatura magnífica y poderosa, su fuerza y resistencia son de gran belleza.

La salud y el ritmo del animal constituyen una parte esencial del proceso de clasificación: después de cada vuelta, los caballos son monitoreados por los veterinarios. Su frecuencia cardiaca debe ser inferior a sesenta y cuatro latidos por minuto dentro de los veinte minutos después de cada vuelta. Aquellos que no pasan estos controles veterinarios intensos son descalificados. Este deporte se basa tanto en el cuidado como en la carrera en sí, en dar y recibir: si yo no doy a mi caballo la mejor atención antes y durante la carrera, no va a pasar el control veterinario ni me llevará a la victoria. Por lo que debo cuidar la salud y el bienestar del caballo tanto como él me deberá llevar a mí.

Si durante la carrera estoy constantemente preocupada: «¿Va a pasar el control veterinario? ¿Qué pasa si tropieza con una piedra? ¿Estará bien para la siguiente vuelta?», yo no estaré presente para hacer frente a los problemas que puedan surgir. Estaría enfocada en el resultado en lugar de disfrutar de la carrera en sí. Cuando nos entregamos a cada momento, estamos más allá de los resultados, incluso más allá del dolor, no estamos sufriendo con la anticipación de un acontecimiento futuro.

Estrés en el trabajo

En tiempos de incertidumbre llegamos fácilmente hasta el punto del pánico. La inminente amenaza de perder nuestra seguridad, ya sea real o imaginaria, genera altos niveles de estrés. Podríamos estar pasando por un divorcio o un momento de incertidumbre en el lugar de trabajo, con despidos en la oficina. A menudo inconscientemente exageramos la gravedad de nuestra situación. Obsesionados, temiendo lo peor, dejamos que esa obsesión ahogue la flexibilidad que estos tiempos impredecibles exigen más que nunca.

Todo lo que sentimos dentro de nosotros mismos lo proyectamos sobre nuestro entorno. A menudo, los conflictos que tenemos en casa son provocados por el estrés que traemos del trabajo y viceversa. La solución para el estrés no depende de hacer cambios externos, ya que cuando un problema ha pasado, otro aparece. La solución debe venir de adentro. Permítete sentir lo que está pasando y responder a sus necesidades internas sin necesidad de arrastrar el estrés, aumentando así la carga de tensión ya impuesta por las exigencias de tu trabajo.

Imagina que llegas a la oficina llevando todos los problemas que tienes en casa sobre tus espaldas. Tal vez tuviste una discusión durante el desayuno, tal vez uno de tus hijos estaba enfermo y hubo que llevarlo al médico, tal vez bebiste demasiado la noche anterior y no te sientes bien. Es posible que no quieras hablar con nadie con toda esa tensión, y tus responsabilidades en el trabajo solo están sirviendo para aumentarla. ¿Qué se puede hacer con todo esto?

Dependiendo de tu temperamento, y tal vez de tu posición en el trabajo, esto podría dar paso a una forma contraproducente de expresión: una explosión de ira, una pelea, un grito, un golpe en el escritorio. O tal vez solo reprimes los sentimientos, tratando de no llevar tus problemas personales al lugar de trabajo. Ninguna de estas dos respuestas es la ideal. Las emociones no expresadas se acumulan en el sistema nervioso, el cuerpo lo siente y pueden manifestarse eventualmente como enfermedades físicas. Por otro lado, si descargas tu tensión sobre los demás no estás contribuyendo a un ambiente de trabajo saludable. ¿Qué se puede hacer con toda esta carga emocional?

En la oficina hay acciones constructivas que puedes tomar, sin fingir pasivamente que todo está bien. Se puede liberar el enojo gritando o golpeando sobre un objeto inanimado (de preferencia algo suave), mientras que la tristeza se puede curar por medio del llanto. Puedes hacer ambas cosas de una manera inofensiva que no le dolerá a nadie. ¿Te sientes enojado en el trabajo? Ve al baño, enrolla una toalla de mano y mueve la intensidad de tu emoción gritando en ella. ¿Te sientes frustrado, tienes ganas de llorar? No te tragues las lágrimas, déjalas fluir. Libera esos sentimientos para que no se conviertan en resentimiento reprimido encerrado en tu pecho y así tu corazón permanecerá abierto sintiendo de nuevo en cada momento.

Hay otras maneras de liberar la frustración: si puedes, cuando te sientas agotado o estresado en el día, camina alrededor de la cuadra, o incluso a lo largo del pasillo, o con rapidez sube y baja las escaleras. Si te encuentras ansioso por fumar un cigarrillo o comer algo, detente un momento y pregúntate: «¿Qué estoy sintiendo?». Conéctate primero con tu sentir, aunque, en última instancia, te fumes un cigarrillo o comas algo. Por lo menos te habrás dado un momento para liberar la carga que provoca el comportamiento y, con el tiempo, la intensidad de la ansiedad disminuirá.

Si la tensión se deriva de lo que sientes hacia alguien con quien trabajas, dirígete hacia esa persona en lugar de darle la espalda y dile lo que piensas para dejar atrás el pasado y expresar lo que has sentido hacia ella. Mueve la carga que genera en ti y libérala.

> ¿Te siente enojado?
> Ve al baño,
> enrolla una toalla de mano
> y mueve la intensidad de tu emoción
> gritando sobre ella.

Comunicación iluminada en el lugar de trabajo

En el trabajo a menudo pensamos que no debemos expresar lo que sentimos por miedo a herir o alejar a alguien. Decimos: «Hola, me alegro de verte», mientras que internamente estamos pensando: «Lo odio, pero tengo que trabajar con él todos los días, así que voy a sonreír y decir, "¿Cómo estás?", cuando en realidad no me importa cómo esté».

Ser cortés y amable sin sentirlo no es real. Es falso, frágil, no tiene conexión. Como viene de la cabeza, es intelectual y desconectado, pues el corazón no está presente en el sentimiento y la otra persona siempre lo sabe.

Recientemente han salido a la luz mentiras que han puesto al descubierto la corrupción y manipulación a escala global en muchas situaciones diferentes. Wikileaks ha desempeñado un papel importante en esta tendencia, aunque yo lo veo como un reflejo de la honestidad creciente en las vidas de las personas en todo el mundo que están comenzando a ir hacia adentro y a enfrentarse a la verdad. Solo la verdad puede hacernos libres, la verdad es el lenguaje del amor-conciencia. A medida que nos volvemos más verdaderos, el mundo en que vivimos comienza a reflejar esa honestidad. Podemos marchar por la igualdad, exigir más de nuestros políticos y trabajar para exponer la injusticia, pero la mejor forma de contribuir a una sociedad honesta y justa es ser cada vez más transparentes en nuestras propias vidas.

En el lugar de trabajo solemos pasar por alto nuestras emociones y fingir que todo está bien. De esa manera evitamos desacuerdos y vivimos en un estado de aparente cordialidad, pero debajo se encuentran nuestra frustración e ira, a menudo hacia la gente con la que tenemos que trabajar todos los días.

Tenemos que expresarnos con claridad y ser reales, si no, empezamos a odiarnos a nosotros mismos. La mente dice: «Pero me da miedo. Podría herir a alguien. Podría tener enemigos en el trabajo. Podría ser despedido». Pero si sigues tragándote tu descontento y enterrando tus quejas, ya estás lastimando a alguien: a ti mismo.

La verdad vuela más alto. La verdad siempre genera unión. La protección aumenta el miedo y propicia la separación. Crea el hábito de expresar tus preocupaciones con tus compañeros de trabajo de una manera compasiva, abierta a escuchar lo que tienen que decir en respuesta. Cuando te vean libre de temores, juicios y resentimientos, tus relaciones con ellos comenzarán a cambiar y pronto te sentirás mucho más cerca de ellos.

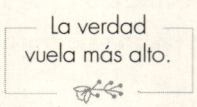
La verdad vuela más alto.

Otra tendencia en el trabajo es envolvernos tanto en la rutina de nuestros días que nos olvidamos de decir cosas positivas. ¿Cuántos jefes dan por sentado a sus subordinados, obviando las innumerables maneras en que sus asistentes hacen que su trabajo —y por lo tanto su vida— sea más fácil? Por otro lado, los asistentes a menudo se resienten por sus puestos humildes, olvidando que su trabajo es tan fundamental como el de los directores. Se quejan cuando se pide algo más de ellos, en lugar de apreciar la oportunidad de aprender algo nuevo o de desafiarse a sí mismos.

Cuando nos enfocamos en nuestras dificultades, las quejas son la base de nuestras conversaciones en nuestro lugar de trabajo. Pero podemos contrarrestar esta tendencia eligiendo alabar conscientemente, pues la apreciación abre las puertas al infinito. ¿Tu jefe acaba de darte un nuevo tipo de tarea, que requiere más creatividad que la de costumbre? Dile que estás entusiasmado con ella y dale las gracias. ¿Tu asistente hizo un gran trabajo escribiendo las actas de la reunión? Díselo. ¿Te gustan los zapatos que Carolina de Recursos Humanos está usando? Elógiala. Al elogiar o hacer cumplidos puedes cambiar por completo la energía en la habitación. Reconocer desinteresadamente a quienes están a tu alrededor te ofrece la ventaja adicional de hacerte sentir más feliz. Adquiere el hábito de decir algo agradable a alguien en el trabajo todos los días y descubrirás una nueva experiencia basada en el calor humano y el amor, más allá de lo que jamás hayas imaginado que fuera posible en tu oficina.

CONTEMPLACIÓN

Cada situación ofrece oportunidades para ser consciente.

En la oficina, busca formas de dar en lugar de enfocarte en lo que estás recibiendo. Enfócate en la alegría de servir dentro de tu papel en el lugar de trabajo. Recuerda, quien da, gana.

¿Dónde puedes trabajar más como unidad y ser parte de un equipo que trabaje hacia una meta común? Enfócate en escuchar, en especial a aquellos que suelen molestarte o causarte resentimiento.

Si no te gusta la actitud de alguien, díselo en vez de quejarte a sus espaldas. Empezarás a descubrir que tu crítica puede ser realmente útil para los demás, alentándolos a mejorar como seres humanos y en sus roles de trabajo.

Tercera parte

Remedios para las jaquecas de la vida moderna

El ritmo de nuestro mundo parece haber aumentado de manera exponencial en los últimos años. Nuestras cabezas están llenas de conversaciones interminables, un estrépito de constantes reproches y expectativas que van más allá de lo humanamente posible. Con la prisa de querer cumplir con las demandas y expectativas de los que nos rodean, a menudo permitimos que la presión nos sobrepase.

A veces nos sentimos agotados aun antes de levantarnos por la mañana, detonando una serie de emociones que nos dejan confundidos e intolerantes. Nos exigimos tanto que cuando nuestros hijos, parejas o jefes nos piden algo más, explotamos. Como resultado, agregamos la culpa y el arrepentimiento de haber explotado a la carga ya existente de nuestras tareas y compromisos. Queremos ser excelentes, pero no sabemos cómo encontrar un término medio en el que podamos fluir con los retos de la vida sin sentir su peso sobre la espalda. Nuestros compromisos nos provocan un nudo en la garganta, una angustia que oscila entre la exasperación y el abatimiento y que, en última instancia, nos impide disfrutar de lo que tenemos en nuestras vidas aquí y ahora.

Aunque esta descripción pueda parecer extrema, escucho historias similares muy a menudo. Frente a las crecientes demandas externas, nos sometemos a un aluvión de ataques emocionales y mentales que se manifiestan como depresión, insomnio y ataques de pánico, entre otras cosas. Tenemos conflictos con nuestras parejas y la comunicación con nuestros hijos se distorsiona. Sentimos una necesidad constante de controlarlos mientras ellos van empujando los límites, desafiando nuestra autoridad y explorando un mundo que parece cada vez más impredecible y peligroso. Nuestros intentos de protegerlos de cualquier daño dejan una sensación de inutilidad y nos sentimos paralizados por el miedo y la frustración. Parece que ya ni siquiera entendemos el idioma de la nueva generación, no sabemos cómo reaccionar ante sus decisiones ni cómo establecer un canal de comunicación.

Tercera parte

Estoy aquí para recordarte que puedes elegir el amor y la paz en cada momento, con dicha, sin importar lo que la vida te depare. En los próximos capítulos comparto herramientas sencillas para aliviar la presión de la vida moderna y encontrar la paz, aquí y ahora.

Capítulo uno
Vacaciones conscientes y vacaciones del ser: antídotos para la rutina diaria

Cuando sentimos el peso del mundo sobre nuestros hombros, es esencial poder mantener la flexibilidad y conectarnos con los aspectos más fundamentales de nuestro ser. Esta es la clave para conservar la claridad y estar alerta frente a decisiones difíciles.

Por supuesto, esto es más fácil decirlo que hacerlo. La mayoría de nosotros no paramos desde el momento en que nos despertamos hasta quedarnos dormidos en la noche. Atendemos las necesidades de nuestros hijos, las exigencias y los requerimientos de nuestro trabajo, y las tareas domesticas sin respiro alguno. En medio de tanto quehacer, ¿cómo no olvidar los principios del amor-conciencia?

Hasta que logramos impregnar nuestra vida con *amor-conciencia* somos como los camiones viejos que funcionan con diésel. Nuestro combustible es un derivado pegajoso de las capas más profundas de residuo emocional. Este combustible es una tecnología anticuada, herencia de siglos pasados, producto de un sentimiento de escasez y obtenido a causa del conflicto y la devastación ecológica. Aunque empezamos el día con el depósito lleno, el combustible es poco eficiente. No nos lleva muy lejos ante las exigencias de la vida y nos agotamos con facilidad, contaminando nuestro mundo con emisiones de resentimiento y desconfianza.

Pero en este nuevo milenio tenemos otras alternativas. Podemos convertirnos en vehículos con cero emisiones que se alimentan de amor puro. Podemos empezar cada día sintiéndonos revitalizados, como si pudiéramos ir hasta la Luna sin agotar nuestras reservas de combustible. Dondequiera que vayamos no emitimos nada tóxico, solo amor. No importa cuánto camino tenemos que recorrer en un día determinado —no importa cuántas demandas nos imponen nuestro trabajo y nuestras familias—, siempre nos quedará algo en el tanque al final del día.

Además de las prácticas e ideas que hemos explorado hasta ahora, tengo dos sugerencias adicionales para poder convertirte en un vehículo que solo emita amor y deje de ser un apestoso cacharro viejo: las vacaciones conscientes y las vacaciones del ser.

Tómate unas vacaciones consciente

Para muchos, las vacaciones son el punto más alto del año, un oasis de libertad en el desierto de la rutina. Hacen lo mundano más soportable, como una luz en el horizonte. Pero junto con las vacaciones llegan los preparativos de viaje, las reuniones familiares y los gastos adicionales, un conjunto de demandas, expectativas y tareas.

Se terminaron las clases. Algunos podemos pasar tiempo con nuestros hijos, otros no tanto debido a las obligaciones del trabajo. Podemos ir a la playa, a las montañas, a algún lugar exótico, o quedarnos en casa y salir por el día con la familia.

Las vacaciones son oportunidades para compartir, pero fácilmente pueden convertirse en un motivo más para sentirnos presionados y exigirnos demasiado.

Para sacar mayor provecho de las vacaciones, utilízalas para fortalecer tu relación contigo mismo. Como consecuencia natural, las relaciones con tus seres queridos también se verán fortalecidas. Aprovecha estos días juntos para probar diferentes formas de hacer las cosas. A continuación comparto ideas que, sin duda, darán lugar a resultados diferentes. Estas actividades no cuestan nada y ni siquiera requieren de una planeación previa.

Trata de ser más sensible con tu familia y más consciente de tu entorno. Dedica una hora al día para conectarte contigo mismo, preferiblemente practicando las facetas del Sistema Isha (ver Anexo I), o haciendo otra práctica espiritual. Después, lleva esa conciencia a tus relaciones familiares. Mientras compartes con ellos, escúchate a ti mismo, siendo consciente de tu sentir interno. Es difícil ser insensible con los demás al estar conectado con uno mismo. Al estar distraídos por los miedos y preocupaciones de la mente, enfrascados en alguna actividad con el fin de escapar de nosotros mismos, nuestras interacciones se tornan bruscas y respondemos de forma dura y desproporcionada.

Cuando un ser querido viene a hablar contigo, ya sea tu hijo, novio, esposo o madre, bríndales toda tu atención. Haz contacto visual, encuentra algo que apreciar, pregunta a la otra persona cómo se siente. No des nada por hecho: pregunta si no estás seguro y enfócate en escuchar su respuesta, conectándote con ellos desde tu corazón. Encontrarás que, al prestar atención a estos pequeños detalles, tus relaciones familiares serán más íntimas, más honestas y más amorosas.

Enfócate en valorar y dar gracias por las pequeñas cosas de la vida, la belleza del mundo que te rodea, la risa espontánea compartida con un amigo. Puedes incluso desafiarte a ver cuántas veces al día puedes dar gracias en voz alta. Si algo o alguien te da alegría, dale las gracias. Aprecia la belleza que ves a tu alrededor. Al escuchar y ver tu apreciación del mundo y de tus seres queridos, serás un buen ejemplo para los que te rodean, en especial tus hijos, y los harás sentirse más cerca de ti. ¡El amor-conciencia es contagioso!

Atrévete a hacer algo que no hayas hecho hace tiempo con tus hijos, pareja o tu mascota; sorpréndelos con una aventura que dejará un recuerdo de buenos tiempos compartidos y ni siquiera te costará dinero. Usa tu imaginación y pídeles ideas. Tenemos la tendencia de planear con base en el consumo, olvidando a menudo las maravillas de la naturaleza que nos rodea. A veces las cosas más increíbles están a la vuelta de la esquina y ni siquiera las notamos. Si vives en la ciudad, busca salir al parque más cercano o a alguna reserva ecológica. Cuando éramos niños nos asombrábamos ante las cosas más simples, totalmente presentes en la experiencia. Tenemos la tendencia a incorporar a nuestros hijos en las actividades adultas, pero tal vez hay algo más simple que puede unirnos a todos. Intenten construir un castillo de arena juntos, jueguen a las escondidillas o recojan flores o frutos. Tal vez podrían tener una aventura una noche para contemplar las estrellas y ver cuántas constelaciones pueden encontrar, o mejor aún, ¡inventar las suyas propias!

Si dedicas tus vacaciones a estar presente con tus seres queridos, te resultará más fácil conectarte con ellos emocionalmente durante todo el año. Reducirás los conflictos, dejarás ir los miedos y las máscaras, y verás cómo crece el amor entre ustedes. Cuando te enfocas en apreciar y dar gracias, el amor empieza a fluir de manera más natural. Tomar unas vacaciones conscientes es uno de los mejores regalos que puedes darte a ti mismo y a tus seres queridos. Enfócate en apreciar esta experiencia con ellos al máximo.

Prueba una vacación del ser

Si alguna vez sientes que las cosas se te van de las manos, te propongo un nuevo concepto: una vacación del ser. Lo que en realidad necesitamos es tiempo para ser, tiempo para escucharnos a nosotros mismos y desconectarnos de las exigencias diarias. Es hora de darnos el lujo de no hacer nada en absoluto. Generalmente estamos tan ocupados que no escuchamos nuestra voz interior, olvidándonos así de lo que queremos.

¿Cómo tomarnos una vacación del ser? Es fácil: aparta un tiempo para estar contigo mismo, para ir hacia adentro y escucharte, para sentir todo lo que pueda surgir, ya sea la paz y la alegría, o la ansiedad y la inseguridad. El simple hecho de estar contigo mismo te hace más consciente. Al estar presente en el momento, observando en silencio lo que sucede en tu entorno, lograrás mayor claridad en tu vida. Te ayudará a distanciarte de los pensamientos caóticos basados en el miedo y la crítica que a menudo dominan nuestras decisiones. Te ayudará a discernir entre los temores de la mente y la verdad del corazón. Te ayudará a definir tus prioridades.

Dedicamos tanto tiempo a los demás, ¿por qué no tomar un par de días para uno mismo?

Guías prácticas para tomar una vacación del ser

Una vacación del ser podría durar un par de días, un día, o podría formar parte de tu rutina: cada domingo por la tarde, por ejemplo.

Tu vacación del ser es un tiempo para desconectarte de las distracciones. Apaga la televisión, resiste la tentación de leer un libro, trata solo de estar contigo mismo. Las facetas que se describen en el Apéndice I son una herramienta ideal para ser más consciente de ti mismo. Una vacación del ser ideal podría consistir en la práctica de las facetas en tu sillón favorito, abrigado en la cama en un día lluvioso o incluso llevando el perro a pasear. Lo importante es dedicar tiempo para estar con uno mismo.

Planea tu vacación del ser con anticipación: marca el día y la hora en tu calendario. De esta manera será más fácil cumplir con tu compromiso y no posponerlo ante cosas que la mente considera más importantes. No hay nada más importante que nuestra relación con nosotros mismos; sin embargo, es tan fácil olvidarse de eso y perdernos en el hacer. Tomar un tiempo para ti no es para nada egoísta. Te revitaliza y te proporciona un mejor estado de ánimo para poder encarar los retos de tu día con más claridad, paz y compasión.

Las vacaciones conscientes y las vacaciones del ser inspiran un profundo nivel de confianza, nutriendo tu ser interior y guiando tus decisiones con mayor claridad. El resultado será una mejor comunicación y un mayor entendimiento con tus hijos, tu pareja y tus colegas. También te ayudarán a fortalecer tu relación con el ahora. Comenzarás a ver el momento presente como un jardín fértil, dejando semillas cuyos frutos y flores llevan nuevos colores y matices a tus días. Al darte este espacio para descansar y crecer, llevarás una nueva sabiduría a tu vida: la sabiduría de tu verdad interior que surge al escuchar tu corazón.

Capítulo dos
Apreciándote a ti mismo y tu entorno

Un antídoto para la inseguridad y la soledad.

En el mundo de hoy el número de personas que luchan contra sentimientos de inseguridad y soledad es cada vez mayor. Personas de todas las edades y clases sociales me preguntan cómo lidiar con estos sentimientos debilitantes. Creo que esto se está volviendo tan común debido a que no nos damos tiempo a nosotros mismos: no valoramos la belleza de nuestra presencia interna. Hemos perdido la capacidad de disfrutar estar con nosotros mismos, volviéndonos dependientes de la distracción externa. Entonces, la solución es ir hacia adentro. A continuación veremos algunas reflexiones sobre estas emociones y sugerencias para poder ir más allá de ellas.

La inseguridad

¿Cómo podemos superar la sensación de inseguridad en un mundo incierto? ¿Cómo podemos encontrar la verdadera estabilidad en las arenas movedizas de los tiempos modernos? En realidad, la seguridad solo se puede encontrar donde siempre se ha encontrado: en nuestro interior.

Si alguna vez te sientes inseguro no rechaces la sensación, ya que solo la harás más fuerte. Si no haces caso a un niño, te perseguirá, reclamando tu amor. De la misma manera, si ignoras una parte de ti permanecerá en el fondo de tu mente, como una mentira que puedes ocultar pero nunca olvidar.

Da miedo confrontar las partes de ti mismo que juzgas: al hacerlo, tienes que admitir que la máscara que has presentado a la sociedad es una mentira. Tendrás que dejar caer las muletas que utilizaste para sentirte fuerte y llegará un momento en que dudarás de tu capacidad para caminar solo. Pero si quieres ser libre de la inseguridad, este es un proceso que tendrás que enfrentar.

Antes de empezar mi viaje de autodescubrimiento, la inseguridad me limitaba. Me sentía tímida, pero como tenía una idea de lo que debía ser, escondía mi fragilidad detrás de una apariencia valiente y vivaz. Sin embargo, detrás de esa fachada tenía que vivir con la verdad. En cierta medida todos hacemos esto. Tenemos una idea sobre cómo debemos presentarnos ante los demás, pero mientras dependamos de las opiniones de un mundo cambiante vamos a vivir con miedo. La única manera de superar este miedo es deshaciéndonos de nuestro caparazón, pues aunque lo construimos para protegernos se ha convertido en nuestra cárcel.

Este proceso de autoaceptación es un acto de amor. Es el mejor regalo que puedes darte a ti mismo. Sé amable cuando lo hagas: no te castigues por sentirte inseguro, ni por los que percibes como tus defectos. Si un niño tiene miedo, ¿lo castigas? No, lo amas, hablas con él y lo consuelas. Sin embargo, con nosotros somos violentos e implacables, no toleramos nuestros errores. Con el fin de encontrar la seguridad interna, debemos aprender a amarnos y a confiar en nosotros mismos.

Tenemos que aprender a aceptar todos nuestros aspectos, no desde un lugar de resignación o fracaso, sino amando a nuestro niño interior y viendo más allá de los aspectos que ya no nos sirven.

Cuando te das cuenta de un aspecto de ti mismo que has aprendido a ocultar, acércate a él. No sigas cubriéndolo debajo de las capas de tu personalidad. Si no sabes cómo enfrentar un nuevo proyecto en el trabajo, pide ayuda. No sabotees el resultado de tu proyecto por miedo a parecer indeciso. Si tienes un temperamento fuerte, ¡abrázalo! Tu temperamento es un aspecto natural de tu humanidad, y, si aprendes a amarlo, podrás utilizar esa pasión para inspirar a los que te rodean a ser más. Creemos que el amor es dulce y apacible, pero también puede ser fuerte: puede sacudir la pasividad y la comodidad y llamar a la acción. Al reprimir su cólera, se reprimen también su pasión y sus cualidades de liderazgo.

Otra área en la que solemos sentir inseguridad es respecto a nuestra imagen corporal. De hecho, viviendo en América del Sur he notado que los latinos parecen aceptarse más que otras culturas de Occidente. En Brasil, por ejemplo, ¡las mujeres con mucha celulitis van a la playa en tanga! Parece que no les importa, aceptan sus cuerpos como son, mientras que si se tratara de una australiana o una norteamericana, ¡es probable que tomaran el sol con traje de buzo antes de salir con una tanga! Cuanto más pronto reconozcas y aceptes los aspectos de tu cuerpo que no te gustan, más pronto estarás libre del disgusto. Debajo de la vergüenza que sentimos por nuestros cuerpos está el miedo de no ser amados. Al abrazar tu miedo, reconociéndolo por lo que es, la ilusión que ha creado cae. ¿Qué queda en su lugar? El amor. Como nubes que ocultan el sol, cuando las ilusiones pasan brilla la luz de nuevo. Enfrenta tus miedos con amor, no los rechaces ni los evites; si lo haces, las nubes que cubren el sol se convertirán en un monzón.

Nuestras inseguridades se hacen más evidentes cuando las cosas no salen como quisiéramos. Cuando esto sucede, la ansiedad se activa y nuestra necesidad de control se hace más evidente. Esta necesidad de controlar a la gente y las cosas a nuestro alrededor refleja nuestra inseguridad interior. El amor confía y fluye, el miedo controla y resiste. Cuando sientes la necesidad de controlar, ve más profundo. Por debajo de los pensamientos de preocupación encontrarás algo más grande.

Cuando experimentas la transformación interior y te conviertes en amor-conciencia, el amor incondicional se convierte en una fuerza que brota desde adentro. Entonces todo fluye hacia ti y tu entorno se inunda con ese amor. Con la fuerza del amor, tus creaciones superarán tus expectativas. Verás que, en realidad, nunca te faltó nada, que todo está aquí y ahora, pues al sentirte completo internamente, todo viene hacia ti. Cuando estás anclado en ese espacio, te conviertes en el amor.

Elige el amor y te llegará. En lugar de enfocarte en lo que falta, enfócate en dar, dar sin límites.

Hemos aprendido que todo es limitado y este pensamiento nos provoca ansiedad e inseguridad, pero ahora enfócate en el amor y descubre la abundancia ilimitada de la creación. Te invito a crear esta experiencia interna para encontrar la satisfacción profunda dentro de tu corazón.

La inseguridad se alimenta de los temores de la mente y del apego a la imagen: ¿qué pensará la gente? Para liberarte de la inseguridad, necesitas anclarte en algo más profundo. Puedes lograr esto con la primera faceta. Piensa en la alabanza al amor por este momento en su perfección, trayendo tu atención al corazón (revisa el Apéndice I para aprender como practicarla). Esto te llevará a una consciencia absoluta del momento presente. Repítela hasta que te lleve de vuelta a un lugar interno de paz y permita que el miedo y la inseguridad se disuelvan.

Soledad

¿Alguna vez has sentido una soledad que nada pareciera calmar? Tal vez lo atribuiste a una falta de apoyo de tus seres queridos o a la ausencia de tu pareja, un amigo o un familiar.

Tal vez estabas lejos de casa y te costaba adaptarte, o sentías que no pertenecías a tu nuevo vecindario. Tal vez sentiste que habías dejado tu corazón en manos de tu amado.

Cualquiera que sea la causa, el sentimiento de soledad ahoga el corazón y aprieta la garganta, generando pánico y ansiedad. A menudo nos sentimos solos cuando estamos rodeados de gente, pues las cicatrices emocionales y los mecanismos de autodefensa nos dejan impermeables al amor de los demás. Aun Marilyn Monroe, la famosa actriz estadounidense y símbolo sexual, siempre rodeada por admiradores, sufrió este sentimiento de soledad. En su diario escribió «estoy sola, siempre estoy sola».

En este estado de descontento interno no podemos recibir los regalos que nos ofrece la vida, pues hemos cerrado las puertas a la alegría y la satisfacción. Tal vez nos aferramos al pasado, percibiendo la felicidad en una relación anterior, un trabajo antiguo, cuando vivíamos en otro país, cuando teníamos amigos diferentes, cuando nuestra situación financiera era distinta, cuando éramos más jóvenes o más saludables.

Te invito a descubrir la calidez y compañía que están esperando en lo más profundo de ti, aquí y ahora. Cuando expandimos el amor incondicional dentro de nosotros y liberamos las cargas emocionales que nos agobian, la soledad desaparece.

La conciencia nunca siente soledad. Si alguna vez observaste a un niño jugando a solas, absorto en su propia imaginación, habrás visto que se sentía completo dentro de sí mismo. Los niños tienen su propio entretenimiento con la alegría que surge de su ser.

Prueba esto: cada vez que te sientas solo, como si te faltara algo, en lugar de buscar afuera e inevitablemente quedarte con las manos vacías; enfócate en apreciar las pequeñas cosas que te rodean. Comienza con la flor más pequeña que casi pisaste sin darte cuenta, observa que dentro de su pequeñez expresa las líneas y formas más perfectas y el más delicado aroma. Aprecia al niño que juega, al perro que guarda su hueso, a la madre que carga a su bebé, a la pareja que camina envueltos el uno en el otro, como si nada más existiera, la nube que tapa el sol e incluso la sinfonía caótica del tráfico. ¿Qué pasaría si miráramos todo con ojos de aprecio? Hazlo. Verás que algo en tu pecho empieza a abrirse y te sorprenderás con una sonrisa que brota desde dentro.

Apreciar es decir sí a todo. Pronto descubrirás que ese sí emana de tu propio ser, atrayendo a otros que viven en esa misma vibración. Sin embargo, es importante que realices este cambio sin expectativas, no para conseguir algo, sino para vivir este momento desde una nueva perspectiva.

Comienza a apreciar hoy. Luego escúchate a ti mismo: verás que la soledad no se encuentra en ninguna parte.

Capítulo tres
La paz, el antídoto para un mundo incierto

Hoy más que nunca la humanidad se enfrenta a la incertidumbre. En medio de la crisis económica mundial y los temores ante el cambio climático, nuestra visión del futuro está borrosa. La humanidad está inquieta. ¿Cómo podemos encontrar la seguridad en un mundo incierto?

En la sociedad occidental hemos aprendido a buscar la seguridad en el lugar equivocado: la buscamos fuera de nosotros mismos. La gente y las cosas que nos rodean nunca calmarán nuestra inseguridad, pues en el fondo sabemos que todo podrá cambiar en un instante.

Los matrimonios sólidos se terminan por la infidelidad, perdemos un puesto de trabajo de veinte años por un cambio de política en la empresa, y los ahorros de toda una vida se evaporan en un instante en las manos de un inversor corrupto. La inseguridad del mundo es una realidad que muchas veces preferimos ignorar.

Como seres humanos tendemos a enfocarnos en nuestras diferencias. Nos fijamos en las cosas que nos hacen sentir superiores o inferiores a los demás. Sin embargo, los aspectos más importantes de la vida son universales. Lo más esencial y poderoso que todos compartimos es nuestra capacidad de amar.

La naturaleza del amor es un misterio, no porque sea imposible de descubrir, sino porque es imposible de explicar. El intelecto nunca puede abarcar la inmensidad del amor, así como un vaso no puede contener un océano. Sin embargo, experimentar el amor no solo es posible sino que es la cosa más natural del mundo. No estoy hablando del amor que sentimos por otro, estoy hablando de la presencia del amor en todo, esa energía que es nuestro propio ser. Se manifiesta como la experiencia religiosa proverbial, la paz que sobrepasa todo entendimiento, el nirvana. Es lo único que puede llenar el corazón humano. Es lo que yo llamo *amor-conciencia*.

En un mundo de creciente incertidumbre cada uno de nosotros tiene la responsabilidad de hacer la diferencia al convertirnos en la paz del amor-conciencia. Podemos declarar la guerra a otras naciones, pero eso no cambiará nada. El terrorismo no puede detenerse con la guerra, al igual que el fuego no se puede apagar con más fuego. Pero, aunque esto sea cierto, es inútil culpar a los políticos, o incluso a la guerra misma. Si no podemos encontrar la paz interior, ¿cómo podríamos crear un mundo pacífico y armonioso? Nuestras mentes, llenas de parloteo disonante y confusión, son el origen de nuestra inseguridad. Nuestras acciones surgen de nuestros pensamientos y sentimientos. Si estamos llenos de miedo, ¿cómo podemos contribuir a una sociedad unida en el amor?

> Como seres humanos,
> gozamos de libre albedrío:
> el poder de la elección.
> Como consecuencia, nuestro destino
> se redefine en cada momento.

Cuando Bill Clinton le preguntó a Nelson Mandela si sentía odio por sus opresores, él le respondió: «Me di cuenta de que si seguía odiándolos una vez que me subiera en ese coche y atravesara la puerta estaría todavía en la cárcel. Así que lo dejé ir porque quería ser libre».

En la búsqueda de la paz hay algo muy concreto en lo que todos podemos contribuir. En cada momento podemos hacer una elección: elegir descansar en la paz duradera que yace dentro de nosotros ahora y que nadie nos puede quitar.

De la misma manera que haber aprendido a depender de nuestro entorno nos ha llenado de miedo, podemos aprender a depender de nuestro estado interior y encontrar una seguridad que siempre es prístina e intocable. Vamos a llenar nuestra vida personal con paz, honestidad y transparencia; eso va a contribuir mucho más a la paz mundial que cualquier guerra.

En nuestra sociedad solemos responder a los cambios enterrando la cabeza en la arena. Hacemos de cuenta que no existen. Nos volvemos rígidos, buscando la permanencia ilusoria de la rutina para sentirnos seguros y en control. Muchos de nosotros pasamos la vida construyendo la ilusión de un entorno estable: una carrera confiable, un matrimonio sólido y seguridad financiera. No hay nada malo en buscar el éxito material y una relación estable, pero si nuestro sentido de seguridad depende de esas cosas, estamos construyendo nuestra casa sobre una base frágil. Por más que tratemos de ignorarlo, no estamos en control de este mundo errático y nunca lo estaremos. Cuando nos damos cuenta de la imposibilidad de la permanencia externa, podemos empezar a cultivar la única cosa que puede dar la auténtica seguridad: la paz interior.

Había una vez un rey que anunció una gran competencia: pintar la imagen perfecta de la paz. El ganador recibiría un título de prestigio, así como tierras y riquezas inimaginables. ¡Todos en el reino comenzaron a pintar!, incluso gente que nunca había pintado, con la esperanza de ganar el premio. Después de muchos meses de reflexión, el rey escogió dos pinturas, que se mostraron a todos en el palacio.

La primera fue la pintura de un prístino lago, que se extendía con serenidad a través de la tela, su extensa superficie reflejaba los picos nevados con perfecta claridad. Todos los que miraban la pintura decían que era impresionante, no cabía duda de que tenía que ser la ganadora.

La segunda pintura era bastante confusa. Representaba el mismo lago en el momento de una gran tormenta, el viento golpeaba a través de los árboles, mostraba la superficie del lago picado, arremolinándose... un caos. ¿Dónde estaba la paz en esta pintura? Todos estuvieron de acuerdo, la primera fue la pintura perfecta, ¿cómo podría competir con ella?

—Miren un poco más de cerca —dijo el rey en respuesta a estas preguntas—. En la orilla de la rama de ese árbol hay un pájaro. Él está sentado en perfecta paz.

Cuando podemos encontrar paz en la tormenta de la vida entonces hemos encontrado la paz verdadera.

Vamos a adoptar los cambios de nuestro mundo desde un lugar de positividad. Estamos entrando en una nueva etapa, un mundo de crecientes valores y esperanzas. Si nos aferramos a lo de antes, vamos a sufrir. Lo viejo debe morir para dar paso a lo nuevo. El nacimiento y la muerte son la naturaleza de la evolución.

El mundo es deliciosamente impredecible; justo cuando creemos que tenemos todo muy bien encajado y clasificado, Michelle Obama abraza a la reina de Inglaterra. Las reglas se hicieron para romperse y las leyes que rigen nuestras vidas pueden desmoronarse en un instante. En la búsqueda del autodescubrimiento debemos estar dispuestos a cuestionar nuestras ideas y convicciones, así como a retar las opiniones del mundo que nos rodea. Si podemos ser flexibles ante los cambios, podemos aprovechar las oportunidades nuevas de un mundo que ninguno de nosotros puede imaginar en su totalidad.

La manera en que encaras una crisis depende de ti. Puedes verla como una amenaza a tu seguridad, o utilizarla como una herramienta para encontrar la estabilidad interna. A veces nuestras mayores pérdidas se convierten en las mejores oportunidades. Ante la crisis puedes revolcarte en las cenizas o levantarte transformado, la decisión está en tus manos.

La evolución de la conciencia

En el principio buscamos respuestas. Moramos en lo ilusorio. Hacemos lo que la sociedad dice que debemos hacer, o por el contrario, nos rebelamos y hacemos lo contrario. Creamos familias y construimos empresas, sin embargo, no importa lo que logramos en el exterior, todavía sentimos que nos falta algo. Para algunos, esta inconformidad se presenta como un grito ensordecedor; para otros, como un malestar interior, pero la sensación es la misma: debe haber algo más. El corazón está sediento de algo más grande.

Al principio tratamos de cambiar lo externo. Algunos se transforman físicamente, otros buscan cambios políticos, en la sociedad o en la familia. Cuando algo nos hace sentir incómodos —sea el mendigo en la calle, el vecino molesto, o un examante—, nos hacemos de la vista gorda o lo eliminamos de nuestra vida. Si tenemos una discusión o no nos gusta algo, ¿qué hacemos? Nos separamos de aquello que nos molesta. Seguimos separándonos una y otra vez hasta que en algún momento nos damos cuenta de que estamos repitiendo los mismos patrones. La razón es que todo lo externo es un aspecto de nosotros mismos. Al final nos damos cuenta de que tenemos que probar algo diferente.

> No hay separación.
> Yo soy el techo, el piso,
> la pared, la puerta.
> No hay nada que no sea yo.

Imagina que eres es un proyector y emites tu luz sobre una pared blanca. Ahora imagina que una diapositiva se coloca en tu ranura, con una imagen de conflicto. Disgustado, te das vuelta para evitar la imagen, sin embargo, la misma imagen sigue apareciendo en otra parte. Rompes el muro, pero la imagen se sigue proyectando en la pared de atrás. Huyes, pero llevas la imagen contigo y se refleja de nuevo donde sea que vayas. Así de inútil son nuestros intentos por cambiar el mundo: nunca estaremos satisfechos hasta que vayamos hacia adentro y cambiemos de diapositiva.

Como he mencionado anteriormente, a los 28 años perdí todo. Cuando sucedió, pensé que era el peor año de mi vida, pero en realidad fue el mejor. Fue el mejor regalo que podía haber recibido, ya que me llevó a encontrarme a mí misma. Tenía que encontrar algo más seguro, y ese algo era el amor incondicional. Cuando empezamos a sanar, encontramos ese lugar. Ese lugar tranquilo y dulce donde sentimos alegría es también la fuente de nuestra sabiduría interna. La verdad habla desde la omnisciencia. Cuando empezamos a conectarnos con este lugar, este espacio de unidad, descubrimos nuestra verdadera esencia. Esto es lo que anhela el corazón.

Hoy en día la vida se mueve a un ritmo cada vez mayor. A medida que se va acelerando nuestra capacidad de comunicar y consumir, lo mismo ocurre con la búsqueda colectiva de la humanidad. La avalancha de entretenimiento, publicidad y distracción está llegando tan rápido y furiosamente que tenemos que desechar las expectativas de encontrar consuelo allí. Tenemos que ir hacia adentro y encontrar lo que en realidad estamos buscando: la experiencia del amor-conciencia, la energía ilimitada que nos conecta con la totalidad. Tenemos que empezar a convertirnos en creadores y asumir la responsabilidad total de nuestras vidas, en lugar de culpar siempre al exterior. La forma de hacerlo es sanar y volver a nuestra verdadera naturaleza, que es el vacío, vibrando en el amor. La abundancia vibrando en el amor.

La transformación futura no es lo importante. Lo importante es lo que estamos eligiendo en este momento. Pregúntate, ¿estoy eligiendo el amor? ¿Estoy eligiendo ser responsable? ¿Estoy eligiendo cambiar mi vida? ¿Estoy poniendo el amor incondicional por encima de todo y confiando? Cuando veo la inseguridad externa, ¿estoy cultivando la seguridad interna? ¿Estoy evolucionando o me estoy aislando en más miedo?

> Cuando veo la inseguridad externa, ¿estoy cultivando la seguridad interna?

Al ir hacia adentro empezarás a encontrar las respuestas, tus respuestas. No mis respuestas, estas no son lo importante. Esto no es una filosofía ni un sistema de creencias, sino que se trata de encontrar el gurú dentro de ti y asumir la responsabilidad. Siempre queremos que alguien más nos arregle, pero no puede. No somos como el coche que mandamos al mecánico. Tenemos que ir a lo profundo, y esto es lo maravilloso de la exploración de uno mismo: es la cosa más excitante, la única tierra que queda por descubrir. Cuando comienzas a descubrirte a ti mismo, quedarás asombrado con lo increíble que eres, lo valiente que has sido y las elecciones que has tomado.

> Nadie te puede arreglar… tienes que hacerlo tú mismo.

Había una vez un mago poderoso que fue visitado por un ratón.

—Oh, gran mago —chilló el ratón—, ¡me aterran los gatos! Me persiguen por todas partes. ¡No puedo conseguir un momento de paz! Por favor, ayúdame.

En una nube de humo, el mago transformó al ratón en un gato. Una semana después, el gato volvió.

—¡Oh, gran mago, no puedo más! Los gatos ya no me molestan y por eso estoy muy agradecido, pero ¿tienes idea de cuántos perros hay en este barrio?

Con una bocanada de humo el mago lo convirtió en perro. Una semana más tarde, el perro volvió.

—Gran mago, los perros ya no me causan problemas, pero he escuchado las historias más terribles acerca de los tigres que entran al pueblo. ¡Su comida favorita son los perros!

Con una sonrisa, el mago lo convirtió en tigre. Una semana después, el tigre volvió al mago.

>—Oh, gran mago, no tienes idea de cuantos cazadores hay en la selva...
>
>Antes de que pudiera terminar, el mago respondió:
>
>—No importa en qué te convierta, todavía tendrás el corazón de un ratón.

Podemos cambiar nuestras circunstancias externas las veces que queramos, pero hasta que vayamos hacia adentro y sanemos la raíz de nuestra inseguridad, seremos víctimas del miedo.

La paz sin requisitos

Paz es una palabra que une a la humanidad en su deseo común de unión. Incluso aquellos que pelean están luchando por la paz. La mayoría de nosotros piensa en la paz de la siguiente manera: hay algo que está mal en el mundo. Tenemos que llegar a un estado de paz para arreglar la situación.

¿Has notado que cuando la gente está pidiendo por la paz, por lo general está gritando?

> *¡Quiero estar en paz!*
> *¡Déjame en paz!*
> *¡Apaga ese ruido! ¡Quiero un poco de paz!*

Como seres humanos, siempre estamos diciendo: «Yo quiero estar en paz», pero al minuto siguiente estamos luchando por la «justicia», luchando por estar en lo cierto. Entonces, ¿qué es lo más importante, tener paz o tener la razón? Cuando nos apegamos a nuestro punto de vista podemos llegar a considerarlo más importante que cualquier otra cosa. Esta necesidad de estar en lo cierto, que a menudo requiere demostrar que el otro está equivocado, genera conflicto.

¿Estás luchando en alguna área de tu vida? ¿Has dejado que tu opinión sea más importante que la paz y la armonía?

Si no estás satisfecho con el mundo y sueñas con una familia humana más pacífica, tu descontento no está contribuyendo a la paz en este momento.

La paz es la quietud en medio del tráfico a la hora pico.
La paz es la aceptación interior.
La paz es la entrega: la entrega a lo que es, renunciando a la lucha y a la necesidad de defender tu opinión.
La paz es la alegría de ser inocente, la alegría de la existencia, la conciencia de la perfección.

Anhelamos un mundo libre de conflictos, pero sentarnos a esperar a que cambie no ayuda a la situación. Cámbiate a ti mismo y entonces estarás contribuyendo de la manera más profunda y efectiva a la creación de un planeta pacífico.

Este es el momento y el lugar. El único momento y lugar que existen, pues tanto el tiempo como el espacio son una ilusión. En la unidad del amor-conciencia, no existen las distancias ni cambios para medir. Solo es. Todo lo demás es una mentira. Cuando estás presente en ti mismo, estás en paz. Estás en armonía con lo que es, reconciliando tus desacuerdos con la vida y abrazando tu realidad. Este es el poder, esta es la vida. Todo lo demás es distracción. Puedes cambiar tu energía en un instante al estar por completo presente contigo mismo.

Puede ser que hayas escuchado todo esto antes, pero no lo has escuchado lo suficiente para que se convierta en tu realidad. No lo has oído lo suficiente para dedicar cada momento a estar presente, para reencontrarte con tu verdadero yo. Yo encontré la manera de hacerlo. Funcionó para mí. Funciona para muchos. Puede funcionar para ti.

Mantener el rumbo

Cuando comenzamos a expandir nuestra conciencia, su voz empieza a eclipsara las vacilaciones del intelecto. La mente solo puede percibir dentro de las limitaciones de la dualidad, de modo que cuando empezamos a vivir en unión, esta se vuelve secundaria. Una vez que el corazón se hace cargo, la mente ya no tiene la sartén por el mango. Esto aterroriza a la mente, pues siente que se le escapa el control e intenta acallar la voz del amor-conciencia.

¿Qué sucede cuando la mente suelta el control? Empiezas a estar presente, anclado en ti mismo, confiando en lo que viene desde un lugar de paz y alegría. Entonces, la mente se convierte en tu sirviente, en lugar de que tú estés al servicio de sus dualidades y dudas. Esto asusta al intelecto y cuando vas acercándote a ese punto se pone frenético. En un último intento desesperado por el dominio, buscará por todos los medios manipularte y mantenerte en un lugar de miedo.

En esos momentos solo recuerda: si no estás sintiendo alegría, no es amor-conciencia. Es fácil notar la diferencia: si sientes confusión, miedo, ansiedad o incertidumbre estás atrapado en el intelecto. Una vez que identifiques esos sentimientos, detente y pregúntate: «¿En qué me quiero enfocar? ¿En el miedo o en el amor?». La respuesta a esta pregunta es muy simple y es siempre la misma: elige siempre el amor.

Las facetas del Sistema Isha son la manera perfecta para entrenar la mente para elegir de forma automática la plenitud del amor-conciencia (véase el Apéndice I).

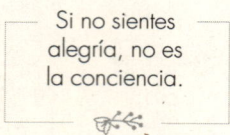

Si no sientes alegría, no es la conciencia.

La sencillez de la verdadera espiritualidad

En el mundo espiritual hay tantas distracciones en la parafernalia, las tradiciones y costumbres, que a menudo la espiritualidad parece compleja y confusa, cuando en realidad es todo lo contrario. Desde el análisis astrológico hasta el estudio de diferentes dimensiones, del preocuparse por el color de la ropa que usas, al punto cardinal al que mira tu casa, nos complicamos todo. Incluso emprendemos viajes a la Tierra Sagrada como si algo externo fuera más importante que nuestra experiencia interna. Al terminar de cumplir con todos esos requisitos nos damos cuenta de que nos olvidamos de la alegría y la belleza de la vida. La simplicidad es el sello distintivo de la auténtica espiritualidad. La vida es simple, el amor es simple y la complejidad no hace más que alimentar el intelecto.

Nunca me deja de sorprender cuánta importancia ponemos en la tradición. Pensamos que debido a que las generaciones anteriores hacían algo de cierta manera, ese comportamiento es más valioso, más sagrado, más justo. Sin embargo, solo tenemos que mirar nuestra vida personal para ver que los comportamientos repetitivos no son necesariamente benéficos. ¿Habría que defender los beneficios de fumar un cigarrillo solo porque lo hemos hecho durante muchos años? ¡Es tradicional! Para mí, este seguimiento ciego de la tradición es particularmente con respecto a la espiritualidad.

Muchos de nosotros elegimos nuestras creencias sobre la base de lo que las generaciones anteriores han hecho. Sin embargo, la espiritualidad es el crecimiento, se trata de la evolución. Se trata de dejar ir lo que ha venido antes y abrazar una nueva percepción de la realidad. Por otra parte, se trata de descubrir la verdad dentro de nosotros mismos y no de cumplir con el *statu quo*. Tal vez por eso tan pocos han llegado a la realización; hasta en nuestra búsqueda del significado de la vida preferimos seguir al rebaño. Aun cuando el corazón empieza a cuestionar a lo que estamos acostumbrados, muchas veces optamos por tomar otro camino ya conocido. Creo que la tradición nos hace sentir seguros. Le da autoridad y peso a nuestras convicciones, pero las convicciones son un pobre sustituto de la experiencia. Cuando tienes una experiencia espiritual propia no sientes la necesidad de convencer a otros de tu punto de vista o demostrar la validez de tu descubrimiento interior.

En la búsqueda espiritual no elijas lo que te hace sentir cómodo o seguro. Busca afuera de la caja: dirígete hacia la incertidumbre. Solo yendo más allá de lo conocido encontrarás lo anhelado.

El fin de la búsqueda

Hace algunos años entrevistó la editora de una revista espiritual. Evidentemente era una persona muy espiritual con muchos años de búsqueda y la plática era muy amena.

De repente ocurrió algo muy extraño. Me preguntó qué estaba buscando. Le respondí que mi búsqueda había terminado: que ya había encontrado lo que buscaba.

¡Se sorprendió! No podía aceptar que la búsqueda podría terminar. Estaba tan ofendida que terminó la entrevista casi de inmediato y nunca se publicó. Al principio no podía entender lo que había pasado para que una entrevista tan positiva tuviera un final tan abrupto. Después me di cuenta: ella era adicta a la búsqueda. La idea de poner fin a su búsqueda, de encontrar en realidad lo que estaba buscando, le daba miedo, porque se había identificado por completo con el papel de buscador. Si dejaba de buscar dejaría de existir.

Esto es cierto para todos nosotros: lo que más tememos es el silencio del *amor-conciencia*. No comprendemos lo que representaría detener la búsqueda, pero en realidad solo significa estar en este momento *ad infinitum*. La mayoría de nosotros sabemos que no podemos estar presentes por más de unos instantes. Seguimos distrayéndonos con el funcionamiento de nuestra mente para no enfrentar la verdad.

Lo que estoy proponiendo es un fin a la búsqueda. La búsqueda nos mantiene mirando hacia afuera, hacia el horizonte de un futuro imaginario. Esta búsqueda no terminará nunca hasta que desviemos nuestra mirada de la distancia y la concentremos en el momento. Cuando lo hacemos nos despertamos y ese despertar es el final: el fin del sufrimiento, el final de la carrera, el final de tu escondite. Es una especie de muerte: la muerte del yo ilusorio, la muerte del miedo. Se trata de eliminar, de quemar lo que no sirve y emerger de las cenizas en la presencia ilimitada del ser, siempre presente, siendo omnisciencia pura, abarcando todo, aceptando todo.

Ahora que he encontrado la plenitud, ¿qué queda por hacer? Solo dar. Así es como los maestros brotan del despertar. Los verdaderos maestros no buscan enseñar: buscan autorrealizarse. Luego, a partir de su realización, la enseñanza fluye de manera espontánea, como el agua de un manantial. No hay esfuerzo alguno, porque la naturaleza del amor es compartir, el único deseo del corazón es servir a otros corazones en su despertar.

El fin es el comienzo, y ahora que estoy vacío, por fin estoy completo.

Con amor, Isha

Apéndice 1: el Sistema Isha

El Sistema Isha está revolucionando la espiritualidad en todo el mundo. Sus enseñanzas son prácticas, fáciles de incorporar a la vida diaria y producen una profunda transformación interna, además, regresan a un lugar de amor a uno mismo y abren la puerta a la iluminación.

El sistema se encuentra en su totalidad en el libro y película *¿Por qué caminar si puedes volar?* Es fácil de aprender y practicar, independientemente de tu edad, credo o cultura.

Uno de los pilares del Sistema Isha es la práctica de las «facetas». Las cuatro facetas son expresiones simples de verdades eternas que repetimos de manera interna, preferiblemente durante una hora al día, todos los días, con los ojos cerrados. Muchas personas notan los beneficios transformadores de inmediato, otras los sienten después de unos días o semanas de práctica. Las facetas son las siguientes:

1. Alabanza al amor por este momento en su perfección.
   Al mismo tiempo que piensas la faceta, pon atención a tu corazón.
2. Gracias al amor por mi experiencia humana en su perfección.
   Al mismo tiempo que piensas la faceta, pon atención a tu corazón.

3. Amor me crea en mi perfección.
Al mismo tiempo que piensas la faceta, pon atención a tu corazón.
4. *Om* unidad.

Al mismo tiempo que piensas la faceta, pon atención a la base de tu columna vertebral y dirígela hacia la punta de tu cabeza. Es importante no cambiar las facetas: las palabras son muy específicas y resultan más eficaces cuando se practican tal como se indica. Las facetas están diseñadas para llevarnos más allá del intelecto, de modo que la opinión de la mente sobre cómo se podrían mejorar ¡no es la mejor guía!

Cómo practicar

Siéntate o acuéstate cómodamente y cierra tus ojos. Piensa en la faceta suavemente, poniendo tu atención donde se indica. Luego espera unos segundos, permítete ir y venir por los pensamientos de forma natural. No trates de evitarlos ni de callar la mente: solo abraza lo que venga. De nuevo piensa en la faceta, pon tu atención donde se indica y, nuevamente, espera unos momentos. A veces el espacio entre cada repetición será muy corto, a veces más largo; a veces te olvidarás de pensar en la faceta y vagarás; cuando te des cuenta, simplemente vuelve a pensar en la faceta. Nunca debemos controlarnos ni esforzarnos: la práctica de las facetas debe ser siempre suave y natural.

Medir el tiempo

Puedes dividir tu hora de práctica diaria en dos sesiones de media hora o tres de 20 minutos. En una sesión utiliza cada faceta por igual cantidad de tiempo: por ejemplo, una sesión de 20 minutos debe comenzar con cinco minutos de la primera faceta, luego cinco de la segunda, cinco de la tercera y, finalmente, cinco minutos con la cuarta. Puedes medir el tiempo echando un vistazo a tu reloj: no tiene por qué ser exacto. Recuerda, debe ser sin esfuerzo así que no te preocupes de medirte rígidamente el tiempo. Si te quedas dormido, está bien. Si siempre te sucede, puedes intentar practicar sentado en lugar de acostado.

La manera más eficaz de integrar las facetas en tu conciencia y obtener una comprensión más profunda del Sistema Isha en su conjunto es participar en un Seminario del Sistema Isha. En la página electrónica www.isha.com encontrarás amplia información sobre los próximos eventos y grupos de apoyo en todo el mundo.

Apéndice II

«La I» Uruguay y «La I» México: spas para la conciencia

Isha ha fundado dos centros para la expansión de la conciencia: «La I» Uruguay y «La I» México. Una visita a cualquiera de estos centros es una oportunidad única para bucear profundamente en tu experiencia de amor-conciencia. Durante tu estadía te proporcionaremos todo lo necesario para sacar el máximo provecho de tu proceso de crecimiento, incluyendo apoyo permanente de nuestros maestros, entrenados personalmente por Isha.

En este mundo tan agitado lo que más necesitamos es tiempo para ser, para escucharnos a nosotros mismos, para desconectarnos de los compromisos diarios y darnos el regalo de hacer nada en absoluto.

¿Por qué no vienes a «La I» en tus próximas vacaciones? Si dedicamos tanto tiempo a los demás, ¿por qué no tomar un par de días para uno mismo?

Información y reservaciones:
En México: (+52) 314-334-14-14
En Uruguay: (+598) 437-369-94
Correo electrónico: reservas@isha.com
Página web: www.isha.com

Agradecimientos

En primer lugar agradezco a Arthur y Annie por ayudarme a convertir mis discursos en textos. También a mis maravillosos maestros y estudiantes, quienes eternamente me inspiran y además inspiran a la humanidad a través de su compromiso de evolución personal.

Gracias al periódico *Los Andes* en línea (Argentina), al Ea terra.com.mx, al portal *Mujer Actual*, *Revista Somos* (Chile), *Uno Mismo* (Chile), *Uno Mismo* (Argentina), *Para ti* (Argentina) y *Para ti* (Chile), *Mi Bebé*, *Conozca Más* (Chile), por apoyar mi trabajo con la publicación permanente de mis columnas, así como también a numerosas publicaciones en toda América Latina que me apoyan con la publicación esporádica de mis reflexiones.

Por último, pero no menos importante, ¿cómo olvidarme de su majestad Isabel III (su título informal es Betchie la Bulldog), por su constante inspiración y su presencia tan alegre y chispeante.

Acerca de la autora

Originaria de Australia, Isha ha vivido desde 2000 en América del Sur, donde es ampliamente conocida como escritora y maestra espiritual. Es la creadora de las fundaciones Isha Educando para la Paz, organizaciones con fondos propios que ofrecen sus enseñanzas libremente a miles en todo el continente. Trabajan con niños, políticos, presos y personas con capacidades diferentes, en busca de una mejor calidad de vida para todos. En 2010 Isha enseñó a más de 6 000 afectados por los terremotos en el sur de Chile. Recientemente fue nombrada Embajadora de la Paz por el Senado argentino y Ciudadana del Mundo por la Universidad Internacional de Cuernavaca, México. Vive en Uruguay con los maestros que ha entrenado en su sistema y con una multitud de animales.